9명의 철학자와 9번의 철학수업

'굿모닝 굿나잇'은 21세기 지식의 새로운 표준을 제시합니다.
이 시리즈는 (재)3·1문화재단과 김영사가 함께 발간합니다.

9명의 철학자와 9번의 철학수업

1판 1쇄 발행 2022. 6. 30.
1판 3쇄 발행 2023. 10. 26.

지은이 이진우

발행인 고세규
편집 박민수 | 디자인 정윤수 | 마케팅 고은미 | 홍보 이한솔
본문 일러스트 최혜진
발행처 김영사
등록 1979년 5월 17일(제406-2003-036호)
주소 경기도 파주시 문발로 197(문발동) 우편번호 10881
전화 마케팅부 031)955-3100, 편집부 031)955-3200 | 팩스 031)955-3111

ISBN 978-89-349-6159-8 04300
     978-89-349-8910-3 (세트)

홈페이지 www.gimmyoung.com   블로그 blog.naver.com/gybook
인스타그램 instagram.com/gimmyoung   이메일 bestbook@gimmyoung.com

좋은 독자가 좋은 책을 만듭니다.
김영사는 독자 여러분의 의견에 항상 귀 기울이고 있습니다.

이 책의 본문은 환경부 인증을 받은 재생지 그린LIGHT에 콩기름 잉크를 사용하여 제작되었습니다.

9명의
철학자와
9번의
철학수업

이진우 지음

PHILOSOPHY

나와 세계를
이해하기 위한 기초 공부

김영사

3장 인간의 자기실현: 실천적 휴머니즘

철학의 탄생과 휴머니즘의 시작

과학과 기술이 주도하는 시대에 철학은 왜 필요할까? 유전
공학이나 인공지능 같은 첨단 과학·기술이야 우리 삶에 편
리를 제공한다지만, 철학은 도대체 어떤 쓸모와 이로움이
있는 걸까? 철학이 탄생한 지 2,500여 년이 지난 지금도 '철
학'이라는 낱말을 들으면 우리는 똑같은 문제에 부딪힌다.
사람들은 여전히 철학이 무엇인지, 왜 필요한지 모른다. 수
많은 위대한 철학자와 그들의 사상 및 개념으로 가득한 철
학사가 하나의 미로처럼 보이는 것도 이 때문이다. 철학이
라는 단어는 입에 올리는 사람이 누구냐에 따라 그 의미가
달라질 만큼 의미가 다양하기에, 철학사 역시 한번 들어가
면 다시 빠져나오기 어려운 미로가 된다.

흥미로운 것은 철학의 쓸모없음을 비난하고 비웃으면서도 철학에 대한 요청은 여전하다는 점이다. 철학이 모든 학문의 왕비로 불리던 시절 철학의 일부였던 많은 학문이 이제는 독립된 과학으로 발전했지만, 사람들은 철학에 과학과는 다른 대답을 요구한다. 사람들은 철학이 근본적인 질문에 대한 보다 근본적인 대답을 해주기를 기대한다. 철학은 여타 학문과는 달리 실제로 근본적인 질문을 던진다.

인류 전체를 여전히 괴롭히는 물음들은 대개 세 가지로 묶인다. 첫째, 세계는 무엇이며, 우리 인간은 세계를 어떻게 인식할 수 있는가? 둘째, 우리는 어떻게 살아야 하는가? 셋째, 우리가 기대하는 좋은 삶은 어떤 것인가? 이러한 질문은 개별적인 과학들이 대답할 수 없는 철학의 근본적인 문제들이다. 18세기 독일의 위대한 철학자 이마누엘 칸트는 이 세 가지 질문이 궁극적으로 하나의 본질적 문제로 압축된다고 말한다. '인간은 무엇인가?'

철학은 근본적으로 '인간에 대한 성찰'이다. 우리는 모두 사람답게 살 수 있는 세상을 꿈꾸고 인간다운 삶을 추구한다. 그렇다면 인간답다는 것은 무엇을 의미할까? 인간다움을 어떻게 정의할 수 있을까? 이런 근본적 물음을 제기하고, 시대적 환경과 역사적 맥락에 따라 이 물음에 대한 근본적 대답을 추구하는 철학은 따라서 '휴머니즘'이다. 역사를 인간다움의 실현 과정으로 이해한다면, 인간다움을 성찰하는 철학이 만든 세계는 바로 휴머니즘의 역사다.

그런데 사람들은 이런 철학을 왜 무용하다고 비웃는 걸까? 기원전 6세기 고대 그리스의 자연철학자 탈레스의 일화는 철학을 둘러싼 이런 편견의 기원을 말해준다. 하늘의 별을 관찰하기 위해 머리 위만 바라보던 탈레스가 우물에 빠지자, 영리하고 재치 있는 트라키아의 하녀는 이 모습을 보고 조롱했다고 한다. 철학자는 하늘에 무엇이 있는지 알기 위해 노력하지만, 정작 자기 앞과 발밑에 무엇이 있는지는 모른다는 것. 철학은 인간이 어떤 존재이며 또 그 본성에 부합하는 게 무엇인지를 성찰하지만, 눈앞의 현실적인 문제를 해결하지 못한다는 것. 탈레스의 일화는 바로 이런 메시지를 전하고 있는 셈이다. 그리하여 철학이 근본적인 문제를 제기해주길 바라면서도, 한편으로는 현실에서 철학은 소용이 없다며 조소하는 이중적 태도가 곧 철학이 짊어질 운명이 되었다.

철학의 본질을 알려면, 현실적인 문제를 해결하는 데 쓸모없는 것처럼 보이는 철학이 왜 필요한가를 이해해야 한다. 우선 철학에 대한 편견을 지울 필요가 있다. 철학은 현실을 벗어난 이른바 고상한 문제를 다루지 않는다. 철학은 우리 삶 전체와 관련된 '구체적인 문제'에서 출발한다. 예를 들면 민주주의의 이념이 고대 그리스에서 발전됐다고 하더라도, 고대 그리스인들이 민주주의에 접근하는 방식은 지금 우리의 방식과 전적으로 다르다. 고대 그리스 철학자 아리스토텔레스는 노예제를 당연한 것으로 받아들이면서도 민주주의를 말한다.

둘째, 철학은 지식을 확장하거나 세상에 대한 새로운 진리를 얻는 학문이 아니다. 철학자가 남들이 모르는 심오한 지식을 손에 쥐고 있는 것도 결코 아니다. 오늘날 우리는 고대 그리스인들과는 비교할 수 없을 정도로 많은 지식과 정보를 보유하고 있지만, 우리가 고대 그리스인들보다 철학적으로 더 뛰어나다고 말할 수는 없다. 철학은 지식의 문제가 아니다. 철학은 이해의 문제이며, 어느 시대나 이미 알려진 것을 조직화하는 문제다. 고대와 중세 그리고 르네상스와 근대가 그랬던 것처럼 우리가 현재의 과학적 지식을 토대로 인간다움을 정의하려고 하는 순간, 철학은 시작한다.

끝으로, 철학이 현실적인 문제에 직접 도움이 되지 않는다고 해서 무용한 것은 아니다. 아리스토텔레스는 《형이상학》을 다음과 같은 매우 단순한 문장으로 시작한다. "모든 인간은 본성적으로 앎을 추구한다." 우리 인간은 유용하든 무용하든 삶의 본질적인 문제를 알려고 한다. 이것을 인간의 형이상학적 욕구라 한다. 그리고 인간의 본질적 문제에 관심을 가지고 깊이 생각하는 사람은 언뜻 쓸모없어 보이는 것의 쓸모 있음을 깨닫게 된다.

여기서 짚고 넘어갈 한 가지 분명한 사실은, 인간다움이 무엇인지를 모르고서는 인간다운 사회를 건설할 수 없다는 것이다. 인간다움을 둘러싼 사람들의 의견을 끝까지 파고들어 '왜 그러한가?'를 해명하는 것이 철학적 성찰이다. 물론 성찰하려면 현실의 일을 잠시 멈춰야 한다. 긴박하게 돌아가는 현실적인 문제에 휩쓸려서는 근본적인 문제를 그 뿌리까지 파고들 수 없다. 그렇다 해도 철학이 역사적으로 일어난 일을 회상하는 데 그치는 건 아니다. 철학적 사유는 언제나 미래지향적이다. 인간다움을 성찰한다는 것은 언제나 이를 실현할 수 있는 힘을 현실 속에서 찾아내는 일이기 때문이다.

경계선이란 그것을 넘고 나서야 비로소 경계선으로 인식

되듯, 어떤 시대의 정신은 시대가 지나간 뒤에 비로소 선명하게 모습을 드러낸다. 독일 관념론을 완성한 헤겔은 《법철학》 서문을 매우 인상적인 말로 끝맺는다. "미네르바의 부엉이는 황혼이 깃들 무렵에야 비로소 날기 시작한다." 사실 이 말은 종종 오해를 사곤 한다. 철학은 역사를 만들기는커녕 역사적 사건이 일어난 뒤에 그 사건의 의미를 해명할 뿐이라고 말이다. 그러나 이 아름다운 비유가 강조하는 바는 일상이 끝난 뒤 찾아오는 사유와 성찰의 시간이다. 현실에 대한 성찰 없이 미래를 만들 수는 없다.

모든 철학은 자기 시대의 아들이다. 아무리 보편적인 진리를 발견했다 하더라도 철학은 현존하는 세계를 뛰어넘을 수 없다. 철학자들은 모든 인간에게 보편적인 문제를 제기하지만, 항상 자신들이 처한 역사적 맥락에서 그리한다. 고대 그리스인을 사로잡았던 철학적 문제가 오늘날에도 여전히 우리를 괴롭히고 있다는 말은 옳다. 무엇이 인간다운 것인가? 우리는 이 물음에 대한 답을 얻고자 플라톤을 읽고, 칸트와 헤겔을 읽는다. 그러나 과거 철학자들이 겪었던 철학적 문제를 스스로 생각하지 않은 채 그들을 읽는다면, 철학적 지식은 피상적일 수밖에 없다. 반면 역사적 맥락에 대한 지식 없이 고대, 중세, 근대 및 현대의 철학적 텍스트를 읽는 사람들은 시대착오의 오류를 저지른다.

철학의 과제는 인간다움의 성찰이다. 그러나 이런 성찰에 이르도록 한 역사적 사건과 맥락은 각각 다르다. 철학은 시대에 따라 '동일한' 문제를 '다르게' 생각한다. 과거의 철학자들이 고민했던 문제가 무엇이었는지를 이해할 때 비로소 우리는 우리를 괴롭히는 문제에 대한 답을 찾을 수 있다. 고대 그리스인이 발전시킨 '고전적 휴머니즘'에서 출발하여 근대의 '계몽주의적 휴머니즘'을 거쳐 현대의 '실천적 휴머니즘'에 이르는 과정의 핵심 문제를 포착할 때, 비로소 우리는 현재의 안티휴머니즘과 포스트휴머니즘의 의미를 이해하게 된다.

우리는 오늘날 첨단 과학과 기술의 힘으로 인간 삶을 획기적으로 개선할 수 있을 뿐만 아니라 인간 조건마저 바꿀 수 있다고 믿고 있다. 하지만 과학과 기술의 힘이 증대할수록 인간다움에 관한 성찰도 더욱 필요해진다. 과연 엄청난 힘을 가진 현대인은 드디어 인간다움을 실현할 수 있게 됐을까? 현재 존재하는 것, 곧 현실을 인식하고 인간다움을 정의하는 일이야말로 바로 철학의 과제다.

인간의 세계인식:
고전적 휴머니즘

그리스-페르시아 전쟁 기원전 499~기원전 449

_아테네, 패권국가로 발돋움

페리클레스 시대 기원전 495~기원전 429

_아테네 민주주의의 황금기

펠로폰네소스 전쟁 기원전 431~기원전 404

_아테네, 스파르타에게 패한 뒤 쇠락. 근본적인 문제에 대한 물음이 시작됨

소크라테스 기원전 469~기원전 399

_'무지의 지'에서 철학이 탄생

플라톤 기원전 427~기원전 347

_초월적 관점에서 이상 국가, 정의로운 삶에 대해 탐구

아리스토텔레스 기원전 384~기원전 322

_현실 속 보편적 진리 탐구해 매우 다양한 분야에서 족적을 남김

1.
철학의 탄생과 무지의 지:
소크라테스

예수 그리스도의 죽음으로 세계적인 종교인 기독교가 생겨났다면, 철학은 소크라테스의 죽음에서 시작한다. 고대 그리스에서 철학을 했다는 이유로 죽임을 당한 소크라테스는 제자인 플라톤뿐만 아니라 그 이후 철학사에도 엄청난 영향을 주었다. 철학이 어떤 종류의 학문이고, 철학적으로 사유한다는 게 무얼 의미하는지 알려면 '소크라테스의 죽음'을 이해해야 하는 것이다.

플라톤이 대화편 《소크라테스의 변명》에서도 이야기하고 있는, 소크라테스를 죽음에 이르게 한 재판은 기원전 399년 아테네에서 열렸다. 소크라테스는 신성모독과 젊은 이들을 유혹한 죄로 고발되어 민회의 법정에 서게 됐다. 그런데 여기에는 한 가지 의아한 면이 있다. 고발자 세 사람 중 한 명이 역사적으로 확고한 민주주의자로 전해지기 때문이다. 그는 왜 소크라테스를 고발했던 걸까?

소크라테스의 삶은 모든 아테네 시민들에게 익히 알려져 있었다. 그는 아침마다 학교와 경기장을 찾았다. 오늘날의 시장과 광장이라고 할 수 있는 아고라agora가 사람들로 북적이면, 그는 어김없이 그곳에 나타났다. 그는 하루의 많은 시간을 사람들이 많이 모이는 곳에서 보냈다. 그는 대체로 말을 하는 편이었고, 원하는 사람은 그의 말을 들을 수 있었다. 그는 말하는 철학자였다.

플라톤이 여러 대화편에서 이상적으로 그리는 철학자의 모습과 달리, 소크라테스는 당시의 풍속을 위배하는 삶을 살았던 것으로 보인다. 물론 한가롭게 빈둥거리거나 도시를 여유롭게 산책하고 토론하는 것이 부도덕한 일은 아니었다. 생계를 위해 일하지 않아도 되는 진정한 아테네인에게 그런 삶은 전혀 이상할 게 없었다.

고대 그리스 최고의 희극 작가 아리스토파네스가 기원전 423년 써낸 작품《구름》을 통해, 우리는 사십 대 중반의 소크라테스와 만날 수 있다. 이 작품에서 막대한 빚을 진 가난

한 농부는 아들을 소크라테스에게 보내 재판에서 이길 수 있는 변론술을 배우게 한다. 실제로 그 공부는 결실을 거두어 채권자들을 물리치는 데 기여하지만, 아들은 어느 날 이 변론술을 사용하여 아버지를 공격한다. "아버지가 저를 때리신 것도 다 사랑해서 그러셨던 것이지요?" 아버지가 당연히 그렇다고 대답하자, 아들은 아버지를 후려 패면서 이렇게 말한다. "저도 아버지를 사랑하니까 때리는 겁니다." 말로는 못 당하니 내 이놈의 소피스트 사숙을 불태워버리겠다는 아버지의 독백이 이어지고, 소크라테스는 그른 것도 옳은 것으로 뒤집어 놓는 궤변론의 대가로 묘사된다.

플라톤이 칭송하는 '철학자'와 아리스토파네스가 조롱하는 '궤변론자', 둘 중 어느 쪽이 실제 소크라테스의 모습일까? 소크라테스는 말로는 당할 수 없는 떠버리일 뿐이라고 조롱한 아리스토파네스의 동기가 무엇인지는 알 수 없지만, 당대의 아테네 시민들이 소크라테스를 어떻게 받아들였는지는 가늠할 수 있다. 또한 거짓을 참으로, 옳은 것도 그른 것으로 둔갑시키는 궤변론자였는지는 몰라도 그가 말을 잘했다는 것만은 분명하다. 소크라테스는 수사학과 변론술에 능했으며, 당대의 지식인인 '소피스트sophist'로 불렸다. 소피스트란 '지혜'라는 뜻의 '소피아sophia'에서 유래한 말로 '지혜를 가진 자'라는 뜻을 담고 있었는데, 현실에서는 돈을 받고 지식을 파는 지식인 및 교육자를 일컫는 말이었다. 그러나 소크라테스는 자신의 지식과 지혜에 대한 대가로 돈을 받진 않았다고 하며, 여느 소피스트처럼 말만 잘한 것이 아니라 질문도 잘했다. 그는 문제에 답을 제공하는 소피스트가 아니라 거꾸로 질문을 던지는 소피스트였다. 그렇다면 지식의 대가로 돈을 받지 않고, 정답 대신에 질문을 가르치는 이런 소피스트를 소피스트라 할 수 있을까? 소피스트였던 소크라테스가 어떻게 철학자가 되었는지, 철학이 어떻게 탄생했는지를 알려면 당시 아테네 상황을 이해해야 한다.

아테네의 민주주의와 소피스트의 등장

아테네는 기원전 6세기까지 소아시아 지역의 이오니아나 남부 이탈리아의 다른 도시들에 비해 중요한 역할을 하지 못하다가 솔론의 개혁을 맞았다. 개혁의 핵심은 시민이 모든 사람에게 이익이 되는 공동체를 위해 일할 수 있도록 '좋은 법질서'를 수립하는 것이었는데, '잘 이루어진'을 뜻하는 '에우eu'와 '법'을 뜻하는 '노모스nomos'의 합성어 '에우

노미아Eunomia'가 그 지향점을 잘 말해준다. 솔론은 귀족을 견제할 수 있는 '400인 평의회'를 구성하여 평민들에게 관료를 선출하고 또 책임을 물을 수 있는 권한을 부여했다. 시민이 정치에 참여하는 진정한 공화국과 민주주의의 기초를 세운 것이다. 그러나 솔론 이후 민주주의는 지속되지 않았다. 귀족들은 분열하여 정쟁을 일삼았고, 결국 솔론의 친구이자 유능한 장군인 페이시스트라토스가 독재자인 '참주'가 되었다. 그리고 거의 반세기 동안 한 족벌이 통치하는 폭정이 이어졌다.

기원전 510년 클레이스테네스는 당시 참주를 몰아내 독재를 끝내고, '클레이스테네스의 개혁'이라 불리는 정치 개혁을 추진하여 민주정의 기초를 확립했다. 클레이스테네스의 개혁은 귀족들의 특권을 약화시키고 모든 시민에게 완전히 평등한 참정권을 부여하는 것을 목적으로 했다. 이는 곧 '이소노미아Isonomia'라 불렸는데, '평등'을 뜻하는 '이소iso'와 '법'을 뜻하는 '노모스'가 합쳐진 말로서 모든 시민에게 평등한 권리를 보장한다는 원칙을 나타낸다.

클레이스테네스의 개혁으로 아테네의 모든 시민이 공적인 생활에 참여할 수 있는 길이 열리는 듯했다. 정의롭지 않은 폭정과 좀 더 정의로운 귀족정 그리고 솔론의 금권정치를 거쳐 클레이스테네스의 민주정에 이르는 동안, 권력을 통제할 수 있는 이성에 대한 믿음도 더불어 커졌다. 그러나 민주주의는 여전히 이론적으로만 실현된 것이었다. 클레이스테네스 이후 민주주의에서 중요한 역할을 한 어떤 정치인도 더는 귀족 출신이 아니었으나, 귀족들은 권력투쟁으로 갈라졌고 시민들은 영향력 있는 가문 또는 족벌의 환심과 지지를 받기 위해 애썼다. 아테네 시민들이 민주주의를 이상적 상태로 보지 않은 것은 당연했다.

아테네가 발전하는 소도시에서 찬란한 대도시로 발전한 것은 기원전 499년부터 449년까지 계속된 그리스-페르시아 전쟁을 통해서였다. 아테네를 중심으로 한 그리스 동맹군이 페르시아 제국의 침략을 물리침으로써 아테네는 군사적·경제적으로 강력한 패권국가로 발돋움했다. 기원전 481년 페르시아가 아테네를 불태웠을 때 열 살 정도였던 페리클레스는 아테네 제국을 발전시켜 민주주의의 황금기를 가져왔다. 물론 이 시기의 정치 현실 또한 완전한 민주주의에 부합하진 않았다. 외국인 이주자들에게는 거주권만 부여되고 시민권은 주어지지 않았다. 민주주의는 여자, 어린아이, 외국인 이주자, 노예를 제외한 소수의 성인 남성을 위한 제도였다.

한편 페리클레스 시기는 문화적으로도 황금기였다. 오늘날 우리가 볼 수 있는 신전을 비롯한 많은 건축물이 세워지고 오늘날의 뉴욕처럼 다양한 종족 사람들이 몰려들면서, 아테네는 서양 문명의 기원이 되는 대도시로 발전했다. 그리고 이와 더불어 새로운 학문과 직업도 생겨났다. 도시 생활이 복잡해짐에 따라 사회적 갈등과 문제가 증대하면서 지식을 다루는 일의 필요성도 그만큼 커졌기 때문이다. 이에 법정에서 변론하기 위한 지식, 정치적 자문을 위한 지식, 말을 잘하는 지식과 기술이 음악·수학·기하학과 마찬가지로 중요해졌으며, 이런 지식을 다루는 자들 곧 소피스트가 등장했다.

모른다는 사실을 안다는 역설

소피스트 가운데 가장 유명한 사람은 프로타고라스였다. 그의 사상을 함축한 "인간은 만물의 척도"라는 말은 사물에 대한 평가와 세상의 진리가 사람들 개개인에 따라 달라질 수 있다는 상대주의를 나타낸다. 이처럼 절대적인 진리나 해답이 존재하지 않는다는 프로타고라스의 관점은 세상을 인간 중심으로 바라본 최초의 인본주의였다고 할 수 있다. 신들이 존재하는지 혹은 존재하지 않는지 모른다고 주장함으로써 세상을 평가하는 관점을 신에서 인간으로 돌렸기 때문이다. 소크라테스 역시 자신의 지혜를 '인간적인 지혜'라 불렀는데, 그의 주요 관심도 '어떻게 올바로 살 것인가?'라는 실천적 문제에 있었다. 물론 올바로 살기 위해서는 올바로 산다는 게 무엇인지를 알아야 하며, 이런 점에서 보면 지식만이 곧 유익한 것이 된다. '덕은 곧 지식'이라는 소크라테스는 다른 소피스트들과는 달리 올바른 삶에 관한 보편적 지식이 가능하다고 주장한다.

위대한 소피스트는 소피스트가 아니다. 소피스트들은 대체로 자신에게 지혜가 있다고, 사람들이 필요로 하는 지식이 있다고 주장하지만, 소크라테스는 반대로 자신은 그런 지혜를 갖고 있지 않다고 말한다. 절대적 진리를 소유한다는 것은 인간에게 속한 지혜보다 더 큰 지혜를 갖고 있음을 뜻한다. 그러나 소크라테스는 자신의 지혜를 겸손하게 '인간적인 지혜'라 부르면서 자신의 무지를 고백한다.

친구 또는 사랑을 뜻하는 '필로스philos'와 지혜를 뜻하는

'소피아'의 합성어 '필로소피아philosophia' 곧 철학은 지혜에 대한 사랑을 의미한다. 소크라테스에 따르면 '지혜 추구'와 '지혜 소유'는 상호 배타적이다. 지혜를 이미 갖고 있다면 지혜를 추구할 필요가 없다. 오직 신만이 지혜를 소유하며, 유한한 인간은 지혜를 추구한다. 그러므로 '지혜 사랑'을 뜻하는 철학은 여러 면에서 제한적인 인간의 능력을 인정하면서도 보편적인 진리를 추구하는 것이다. 철학은 이렇듯 '나는 아무것도 모른다는 사실만을 안다'는 역설과 함께 탄생했다.

소크라테스는 결코 사물에 대한 평가가 다를 수 있다는 소피스트의 상대주의에 머물지 않는다. 그는 다양한 의견들을 논리적으로 파고들어 문제가 되는 사태의 본질에 이르고자 한다. 예컨대 '용기는 무엇인가?'라는 물음에 소피스트는 이미 답을 알고 있다고 생각한다. 어떤 사람이 대열을 지키면서 적을 물리치고, 도망가지 않으면 용감하다는 것이다. 이에 대해 소크라테스는 그것은 단지 용기의 한 예에 불과하다고 지적하면서, 도망가는 자도 용감할 수 있다고 말한다. 게다가 전사의 용기는 통치자의 용기와 다를 수 있다. 소크라테스는 이렇게 용기에 관한 여러 정의를 한계에 도달할 때까지 검토하고 시험함으로써 무지를 자각하게 만든다. 물론 더 나아갈 수 없는 막다른 문제에 봉착했다고 해서 질문과 사유를 중단하는 것은 아니다. 소크라테스는 대화를 통해 공동으로 진리를 찾을 수 있다고 믿는다.

그런데 누가 이런 소크라테스를 법정에 세우고 사형을 선고한 걸까? 당시 소피스트의 도덕적 회의주의는 이미 아테네의 기득권 세력에 위협이 되고 있었다. 신에게서 유래한 현재의 법과 규범은 절대적으로 타당한 것이어야 했다. 하지만 신에 관해 아무것도 말할 수 없다는 프로타고라스처럼 신을 의심하는 자들이 결과적으로 그리스 사회의 도덕적 토대를 흔들어놓았다. 소크라테스 역시 그런 도덕적 규범을 검토할 것을 요구하고 나섰다. 그가 법정에서 반론을 펼치며 "검토하지 않는 삶은 살 만한 가치가 없다"고 한 것은 기득권 세력에게 가장 위협이 되는 말이었다. 끊임없이 묻고 검토하는 철학이 세상에서 가장 위험한 학문이 된 것은 물론이다.

철학은 자신의 무지를 인식하는 데서 출발한다. '나는 모른다. 오직 신만이 안다.' 이것이 소크라테스 철학의 전제다. 모르니까 질문하고, 확신을 의심한다. 이런 점에서 모른다는 사실을 인정하는 소크라테스의 '무지의 지'는 어떤 지식보다 강하고 우월하다. 소크라테스는 모든 사람이 삶과 세상을 검토할 권리를 가진다고 여겼으며, 자기 내면에 있는 이성을 다이모니온daimonion 즉 '신적인 것'이라 일렀다. 오늘날 '양심'이라 부를 만한 이 내면의 힘을 발견하면서 철학은 시작됐다.

2.
이데아 속의 세계:
플라톤

한 젊은이가 소크라테스의 재판과 처형 과정을 비장한 마음으로 주의 깊게 지켜보고 있었다. 젊은이는 모친 쪽이 솔론과 관계있는 아테네 귀족 가문 출신이었다. 금수저인 덕분에 자기가 원하기만 하면 정치에 진출해 통치자가 되거나 군대의 최고 지휘관으로 출세할 수도 있었다. 하지만 소크라테스의 죽음에 충격을 받은 탓이었을까. 그는 권력을 행사하는 정치인도 장군도 되지 않았다. 대신에 그는 서양 정신사에서 가장 유명한 인물, 바로 플라톤이 되었다. 훗날 영국의 철학자 앨프리드 노스 화이트헤드는 이렇게 말한다. "서양의 철학적 전통은 플라톤에 대한 일련의 주석에 불과하다."

서양 철학사에서 플라톤이 차지하는 비중과 의미가 엄청난 것에 비해 그의 삶은 잘 알려져 있지 않다. 플라톤의 모습도 오로지 모조품으로만 보존되어 있는데, 흉상으로 남겨진 플라톤의 조각상은 본래 그의 사망 직후에 그가 세운 아카데미에 증정되었을 것으로 추정된다. 오늘날 전해지는 이 모조품 조각상들은 모두 체념에 잠겨 있는 노년의 플라톤을 강렬하게 되비춘다. 우리가 흔히 아는 플라톤은 '철학은 곧 형이상학'이라는 인식을 심어준 이상주의자가 아닌가. 그런 그가 왜 이토록 낙담하고 체념한 모습을 하고 있는 걸까? 이 수수께끼는 우리를 철학의 이중성으로 안내한다. 인간다움을 실현할 이데아를 인식한다고 해서, 그것이 쉽사리 현실에서 실현되는 건 아니라는 냉철한 깨달음이 그의 얼굴에 새겨져 있는 것이다.

철학자가 통치하는 나라

플라톤은 철학이 무엇이고 또 철학자는 어떤 사람인가에 관한 우리의 생각을 주조했다. 따라서 철학의 특성과 본질을 파악하려면 그가 어떤 맥락에서 철학을 했는지부터 이해해야 한다.

어느 편지에서 플라톤은 본인이 젊었을 때 독립하게 되면 곧바로 공직에 참여할 생각이었다고 말하며, 자신과 가깝거나 자신이 아는 정치인들이 국가를 불의의 상태로부터 정의로운 삶의 형식으로 인도할 것으로 기대했다고 고백한다. 그런데 플라톤이 정치적 참여를 심각하게 고민할 무렵 소크라테스 사건이 발생한다.

플라톤은 당시 자신이 가장 정의로운 인물로 여기던 소크라테스가 신을 모독했다는 죄로 사형당하는 것을 보고서 엄청난 충격에 빠진다. 플라톤 철학이 소크라테스의 죽음으로 생긴 트라우마와 대결하면서 형성되었다고 해도 과언이 아니다. 그는 외상에 가까운 경험을 통해 철학의 방향을 결정하는 결론에 도달한다. "인류의 고통은 참된 진정한 현자들의 연합이 국가를 지배하게 되거나, 아니면 국가의 권력자들이 신의 섭리에 따라 지혜를 얻기 위해 참으로 부지런히 노력할 때까지 멈추지 않을 것이다." 그의 '철인哲人 통치' 사상은 이렇게 탄생했다.

여기서 주의할 점은 플라톤이 결코 현실에 초연한 이상주의자가 아니었다는 점이다. 청소년기에 실제로 심각한 위기를 겪은 그가 왜 이상주의자가 되었는지 이해하는 것이 중요하다. 사회적 지위 덕택에 언제든 정치 지도자가 될 수 있었음에도 그는 이상과 현실 사이에서 분열했다. 그의 사촌 크리티아스는 '30인 참주'에 속했고 삼촌 카르미데스는 반민주적 과두 정권에 속했다. 펠로폰네소스 전쟁(기원전 431~기원전 404) 중에 나고 자란 플라톤은 정치적 격변 속에서 성년을 맞았다. 펠로폰네소스 전쟁, 30인 참주, 소크라테스의 처형은 모두 아테네의 몰락과 폴리스의 붕괴를 암시하는 사건들로, 당시 민주적 사회질서의 토대가 얼마나 취약했는지를 잘 보여준다. 과거의 질서는 무너지고 새로운 질서는 아직 발견되지 않은 상황에서 플라톤의 철학은 만들어졌다.

소크라테스의 죽음에 충격을 받은 플라톤은 아테네를 떠나 오랫동안 일종의 방랑 생활을 했다. 이때의 경험은 훗날 플라톤 철학에 많은 영향을 미치게 되는데, 특히 남부 이탈리아와 시칠리아 여행을 통해 그는 피타고라스학파를 접했다. 그는 이데아와 영혼 불멸에 관한 사상을 받아들였고, 사십 대가 되어 아테네에 돌아와서는 피타고라스학파 모델을 따라 서양 문명사상 가장 유명한 최초의 조직된 학교이자 보편적 지식의 산실인 '아카데메이아Academeia'를 설립했다. 아카데메이아라는 이름은 그가 구매한 땅이 그리스 신화의 영웅 '아카데모스'의 올리브 숲이었던 데서 유래한 것이다. 그리고 이곳에서 그는 자신이 경험한 현실과 이에 대한 성찰을 글로 담았다.

플라톤 철학은 왜 대화 형식일까?

소크라테스가 '말'로 철학을 했다면, 플라톤은 '글'로 철학을 했다. 무엇보다 그의 글은 '대화' 형식을 띠고 있는데, 이것이 서양 철학사에서 전무후무할 정도로 독특하다. 니체가 자신의 사상을 전달하는 데 가장 적합한 형식을 '잠언'으로 여겼다면, 플라톤에게 자신의 철학을 가장 잘 담아낼 수 있는 형식은 '대화'였던 셈이다. 그런데 왜 하필 '대화'인가? 플라톤의 대화편을 보면 다음과 같은 특징이 드러난다.

첫째, 플라톤은 결코 대화의 상대자로 등장하지 않는다. 그의 사상은 대화편에 등장하는 인물들의 역동적인 담론을 통해 암시될 뿐, 결코 확실한 진리로 제시되지 않는다. 둘째, 플라톤은 독자에게 진리 탐구의 과제를 안긴다. 진리 탐구는 토론을 통해 진리를 찾아가는 과정으로 묘사된다. 셋째, 플라톤은 우리에게 체계적으로 완결된 통일적인 '이론'이나 '학설'을 제공하지 않는다. 우리가 플라톤의 '이데아론'이라 부르는 것 역시 철학적 해석일 뿐이다. 넷째, 플라톤 철학에 대한 해석은 '아이러니'라 불리는 그의 능란한 언어기술을 고려해야 한다. 많은 말이 이중적으로 해석될 수 있기 때문이다.

플라톤은 결코 '나는 이렇게 말한다'는 식의 일인칭으로 자기 철학을 확정하지 않는다. 그는 자신의 철학적 입장을 독단론적으로 제시하기보다는 의심스러운 모든 지혜와 교리를 반박하는 가운데 진리가 드러나도록 대화를 구성한다. 그의 대화편은 마치 현실의 문제를 철학적으로 논의하는 토크쇼를 녹취한 것만 같다. 따라서 그의 철학을 읽는다는 건 글로 재현된 생생한 상황을 경험하는 것이나 다름없으며, 이런 경험을 통해 우리는 현실을 극복하고 진리에 도달할 수 있는 지혜를 얻게 된다.

'정의에 관하여'라는 부제를 달고 있는 《폴리테이아 Politeia》는 정의로운 정치질서에 관한 대화편이다. 이 책은 그가 오십 대에 쓴 것으로 알려진 대표 저서인데, '폴리테이아'는 종종 '국가'로 옮겨지지만 본래 폴리스의 질서 또는 정체政體를 가리키는 용어다. 여기서 플라톤은 '영혼을 알기 위해서는 그것을 확대한 것처럼 보이는 국가를 관찰해야 한다'고 말한다. 영혼의 질서가 곧 국가의 질서와 같다는 얘기다. 그러니 사람들이 어떻게 하면 아름답게 더불어 살 수 있는가를 다루는 이 책은 사실상 정치학보다 윤리학에 가깝다. '어떻게 정의롭게 살 수 있는가?'라는 물음이 핵심으로 떠오르기 때문이다.

동굴에 갇힌 죄수

《폴리테이아》제7권에서 들려주는 '동굴의 비유'는 인간 조건에 대한 철학적 성찰이다. 지하의 동굴에 갇혀 있는 사람들 이야기를 상상해보라. 그들은 어릴 적부터 다리와 목덜미가 사슬에 묶여 자리를 떠나지 못하고, 뒤를 돌아볼 수 없어 오직 앞의 벽만 바라볼 수 있다. 그런데 그들이 바라보는 벽에 빛이 비친다. 빛이 어디서 오는지 그들은 알 수 없다. 이윽고 그림자 연극을 상연하듯 벽면에 다양한 사람과 사물의 형태가 나타난다. 그들 등 뒤에 있는 사람들이 여러 모형을 움직일 때마다 말을 했지만, 사슬에 묶인 그들은 이 모습을 볼 수 없다. 그들이 인지할 수 있는 것은 오직 그림자뿐이다. 그들은 그림자를 살아 있는 것으로 여겨, 등 뒤에서 들리는 소리에 따라 형상을 분류한다. 그들이 벽면에서 보

는 것은 그들의 세계 전체요, 그들이 알 수 있는 유일한 현실이다.

여기서 플라톤이 인상적으로 묘사하는 동굴은 인간의 기본 조건이다. 우리 인간은 동굴에 갇혀 있는 죄수와 같다. 고대 그리스의 소피스트들이 그랬던 것처럼 우리가 보고 듣는 것만 믿는다면, 우리는 자기 의견에 갇혀 있는 죄수와 다를 바 없다.

우리가 감각적으로 경험하는 세계 너머에 더 깊고 참된 이데아의 세계가 존재한다는 사실을 논증할 수는 없다. 플라톤은 동굴의 비유를 통해 감각적 세계를 초월하는 세계가 존재한다는 것을 보여준다. 이러한 인식의 과정은 동굴 밖으로 나가 빛의 원천인 태양을 보는 상승의 길로 묘사된다. 어느 날 갑자기 죄수가 사슬에서 풀려나 갑자기 일어서서는 고개를 돌려 빛을 보고 그 방향을 따라 동굴 입구로 올라가는 과정을 떠올려보자. 그는 처음에는 고통스러워하고 쏟아지는 빛에 눈이 멀기도 하지만, 점점 더 사물을 분명하게 인식하게 되고, 결국 태양 빛을 보게 된다. 그는 사물의 참모습을 본 것이다. 이렇게 그는 자신이 여태껏 '실재'라고 여겼던 벽에 비친 그림자들이 자신이 지금 보고 있는 사물들에 비해 얼마나 불완전한 것이었는가를 깨닫게 된다.

플라톤은 동굴의 비유에서 교육의 과정과 철학자의 상황을 상징적으로 서술한다. 태양은 존재와 진리의 원천인 '좋음의 이데아'를 가리킨다. 그리고 인식의 궁극적 목표인 태양에 이르는 과정은 네 단계로 진행된다. 첫 번째는 동굴 안의 죄수가 그림자를 지각하는 단계다. 두 번째는 사슬에서 풀린 죄수가 고개를 돌려 어둠 속에서 이제까지 보았던 것보다 사물을 훨씬 명료하게 보는 단계다. 세 번째는 동굴의 어둠에서 벗어나 동굴 밖의 빛 속에서 현상을 보는 단계이고, 네 번째는 동굴 밖에서 빛의 근원인 태양을 보는 단계다. 플라톤은 이 같은 이데아의 인식이 영혼을 윤리적으로 변화시킨다고 본다.

그러나 동굴의 비유에는 반전이 있다. 참된 세계를 인식한 철학자는 다시 동굴 속으로 내려가야 한다. 그는 다시 어둠 속에서 사물을 보는 데 익숙해져야 하지만, 여전히 그곳에 묶여 있는 다른 사람들보다 1,000배는 더 명료하게 사물을 인식할 수 있다. 그런데 이때 그가 동료 죄수들에게 그들 세계가 얼마나 불완전한지를 말한다면, 동료들은 그를 미치광이로 여기고 그 말을 믿으려 하지 않을 것이다. 만약 그가 계속해서 동료 죄수들을 해방하려 한다면 그들 손에 살해당할 위험까지 있다. 여기서도 소크라테스의 죽음에 대한 트라우마가 엿보인다. 설령 이데아의 세계를 인식하고 아름다운 것, 좋은 것 그리고 정의로운 것이 무엇인지 안다 하더라도, 이를 직접적으로 절대 진리라 주장하면 사람들에게 불신을 살뿐더러 죽임을 당할 수도 있는 것이다.

동굴 밖으로 나가는 과정이 진리와 진실에 가까워지는 인식의 상승 과정이라면, 동굴 안으로 다시 들어가는 과정은 현실 정치에 참여하는 하강 과정이다. 진리를 깨닫는 철학은 결코 개인의 사적인 문제에 머물러서는 안 된다. 플라톤은 철학적 인식이란 모든 사람에게 이익이 되는 공적인 문제라고 말한다. 민주주의의 이상과 어긋나는, 참주들이 독재하는 현실을 경험한 플라톤은 이들을 경계하기 위해 언제나 깨어 있는 정치를 생각했다.

이상주의자 또는 정치적 몽상가라는 후대의 평가와는 달리 플라톤은 꿈꾸듯 이상을 따르는 몽상적 정치를 경계한다. 그가 '칼리폴리스Kallipolis'(아름다운 나라)라 부른 이상 국가는 정치적으로 부패한 당시 현실을 분명하게 볼 수 있도록 설계된 정의로운 사회의 모델이었다. 미래에 실현될 수 있는 이상을 그려보지 않고서는 현실을 비판적으로 바라볼 수 없다. 진정한 인간다움과 이를 실현할 수 있는 정의로운 질서를 규정하고 설계하기 위해서는 우리가 묶여 있는 구체적인 현실에서 출발해야 한다. 플라톤이 발전시킨 고전적 휴머니즘은 이렇게 인간을 구속하는 사회적 조건에 대한 성찰에서 태어났다.

최고의 이상주의자이자 철저한 현실주의자

인간다운 사회를 실현하려면 이 사회에 대한 아이디어가 필수적이다. 훌륭한 정치인이라면 인간다운 사회의 비전을 제시할 수 있어야 하고 말이다. 플라톤이 사용하는 '아이디어' 즉 '이데아'라는 말은 본모습, 본래 형태를 가리킨다. 우리가 감각적으로 보는 모습이 곧 현상이라면, 이데아는 우리가 정신적으로 볼 수 있는 모습이다. 어떤 사람이 자신의 아이디어를 설명한다고 치자. 그의 말을 듣고 나서 우리가 '나는 네 진짜 아이디어가 뭔지 이해하지 못했어'라고 한다면, 이때 '아이디어'는 실제로 들은 내용 뒤에 숨어 있는 진짜 의미를 뜻한다. 플라톤의 이데아란 이 진짜 의미에 가깝다. 이데아는 눈으로는 볼 수 없고 오직 이성을 통해서만 볼 수 있는 사물의 진짜 모습이다.

우리는 현실 세계에서 아름다운 사물을 많이 본다. 아름다운 것에는 꽃을 비롯해 여러 가지가 있을 수 있다. 그런데 플라톤은 '아름다운 사물'과 '아름다운 것 자체'를 구별한다. 아름다운 것 자체, 즉 아름다움의 이데아가 존재하기 때문에 비로소 많은 사물이 아름다울 수 있다는 얘기다. 플라톤은 이상적인 이데아와 구체적인 사물의 관계를 일러 '관여'라 부르는데, 아름다운 꽃은 아름다움의 이데아에 관여하기 때문에 아름답다는 식이다. 사물의 원형이 있어야 이를 모방한 모사품이 존재할 수 있다. 바꿔 말하자면 이데아 없이는 사물을 올바로 인식할 수 있는 기준도, 사회를 개혁할 방향도 마련할 수 없다. 그리고 이렇게 되면 자기 의견을 진리로 간주하던 플라톤 시대의 소피스트들처럼 우리도 상대주의의 늪에서 헤어나지 못할 것이다.

따라서 플라톤의 이데아론을 두고 현실을 무시한 단순한 이상주의라며 깎아내리는 것은 옳지 않다. 플라톤이 고안한 이상 국가에 대해 '귀족의 독재' '교육 독재', 또는 실현될 수 없는 '유토피아'라며 헐뜯는 사람들이 있지만, 이런 비판은 당시의 역사적 상황을 고려하지 않은 것일뿐더러 플라톤의 의도를 왜곡하고 있다. 고대 그리스는 현대 시민사회에서 매우 당연한 개념인 '개인'이나 '주체' '자율'을 알지 못했다. 고대 그리스의 사유는 우주와 같은 전체의 질서에서 출발했기에, 개인은 전체의 질서에서 제 역할과 자리를 가진 부분으로 간주되었던 탓이다. 플라톤의 관심은 다양한 부분과 역할이 조화를 이루는 '정의로운 삶'에 있었다.

이데아론은 플라톤이 전체를 파악하는 사유 방식이다. 동굴의 죄수처럼 자기 의견에 갇힌 사람은 전체의 질서와 의미를 쉽게 인식하지 못한다. 플라톤은 전체에 대한 아이디어 없이는 부분의 의미를 제대로 파악할 수 없으며, 현실을 넘어설 아이디어를 꿈꾸지 않고서는 현실을 비판할 수 없다고 여겼다. 세계를 이데아의 관점에서 해석한다는 건 단순한 이상주의자임을 뜻하는 것이 아니다. 오히려 현실을 철저하게 사유하기 위해 이데아의 세계를 구상했다는 점에서 플라톤은 현실주의자로 불릴 수도 있을 것이다. 최고의 이상주의자는 언제나 철저한 현실주의자다. '이성'과 '이상'을 새롭게 정의함으로써 철학이라는 독특한 학문을 빚어낸 플라톤이 철학의 이정표가 된 것은 놀랄 일이 아니다.

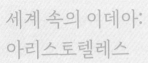

3.
세계 속의 이데아:
아리스토텔레스

고대 그리스 철학은 종종 〈아테네 학당〉으로 표상된다. 〈아테네 학당〉은 이탈리아 화가 라파엘로가 1509~1511년 바티칸 미술관 '서명의 방'에 그린 프레스코 벽화로, 베드로 성당 비슷한 학당에 쉰여덟 명의 인물이 표현되어 있으며 대부분 철학사에 등장하는 인물들이다. 그림 중앙에는 플라톤과 아리스토텔레스가 우리를 향해 걸어 나오는 듯한 성자의 모습을 하고 있다. '티마이오스'라고 적힌 책을 왼쪽 옆구리에 낀 플라톤은 이데아를 설명하듯 오른손 집게손가락으로 하늘을 가리키고 있다. 아리스토텔레스는 왼손으로 《니코마코스 윤리학》을 허벅지에 받치고 있는데, 활짝 편 오른손 손바닥은 현실 세계를 논변하듯 땅바닥을 향해 있다.

라파엘로의 〈아테네 학당〉

　고대 그리스 철학은 사실상 소크라테스와 플라톤 그리고 아리스토텔레스로 완성된다. 앞서도 이야기했지만 글을 남기지 않은 소크라테스가 말로써 철학을 했다면 플라톤은 철학이라는 장르의 글을 창조했다. 그러나 학문으로서의 고전적 철학을 완성한 것은 바로 아리스토텔레스였다. 아리스토텔레스는 논리학·생물학·동물학·기상학·수사학·시학·정치학·윤리학·형이상학 등 여러 학문의 아버지로 불린다. 그는 그야말로 학문의 고전이다. 그가 이룩한 학문적 업적은 너무나 방대해서 종종 그의 철학적 핵심을 이해하는 데 방해가 될 정도다.

아리스토텔레스 철학을 이해하려면 어쩔 수 없이 그를 플라톤과 비교할 수밖에 없다. 철학과 같은 인문학에서 위대한 스승과 지나치게 비슷한 자는 아류나 모방자로 평가된다. 의미 있는 자기 철학을 발전시키려면 기존 철학과 거리를 두고 자신을 차별화해야 하는 것이다. 과연 아리스토텔레스의 철학은 스승인 플라톤의 철학과 많이 비슷할까, 아니면 전혀 다를까? 답변은 '둘 다'이다. 형이상학자로서 아리스토텔레스와 플라톤은 공통점이 많다. 반면 오늘날 자연과학에 해당하는 자연학 분야에서는 차이점이 훨씬 더 많다. 플라톤은 자연에 대한 경험적 연구를 거의 하지 않은 데 반해, 아리스토텔레스의 경험적 연구는 실로 방대했다. '형이상학metaphysics'이라는 용어 자체가 자연학과 형이상학의 구별이 없었을 당시 자연에 관한 연구를 모으는 과정에서, '자연학physics' 관련 글 '뒤에meta' 편집된 글이라는 뜻으로 생겨났다. 이 점을 고려하면 아리스토텔레스의 경험적 연구가 철학적 사유에 깊은 영향을 미쳤음은 분명하다.

아리스토텔레스는 《니코마코스 윤리학》 앞부분에서 보편적 선을 탐구하는 것은 유용하고 타당하다고 인정하며,

자신과 플라톤의 철학적 차이를 이렇게 밝힌다.

물론 이러한 탐구는 이데아를 도입한 사람들이 우리의 벗
이기에 달갑지는 않은 것이다. 그래서 진리를 구제하기 위
해서는 더구나 철학자로서는, 우리와 아주 가까운 것들까
지도 희생시키는 것이 더 나은 것처럼 보인다. 친구와 진
리 둘 다 소중하지만, 진리를 더 존중하는 것이 신성한 의
무이기 때문이다.

이 말의 뜻은 분명하다. '나는 플라톤을 사랑하지만, 진리
를 더 사랑한다.'

플라톤 철학은 세계의 본질인 '선의 이데아'를 인식하고
이 이데아의 관점에서 세계를 해석하고자 한다면, 아리스토
텔레스는 이데아보다는 현실 자체에 관심을 둔다. 그는 아
무런 선입견 없이 현실 세계를 있는 그대로 인식하고자 한
다. 플라톤이 이데아 속에서 세계를 보고자 했다면, 아리스
토텔레스는 현실 세계 속에서 이데아를 발견하려 한다. 물
론 아리스토텔레스도 형이상학자다. 하지만 그는 감각적 세
계의 원인을 플라톤처럼 동굴 밖에서 찾는 대신 동굴 안에

서 발견하고자 했다. 플라톤이 전체의 질서를 중요시했다면, 아리스토텔레스는 전체를 구성하는 부분들의 가치와 의미도 인정했다. 이렇게 아리스토텔레스는 스승 플라톤을 존경하면서도 그를 맹목적으로 따르지 않고 독자적인 길을 개척했다.

기원전 347년 플라톤이 죽자 서른여덟 살의 아리스토텔레스는 아테네를 떠났다. 플라톤의 조카 스페우시포스가 플라톤을 계승해 아카데메이아 초대 교장이 된 것에 실망했을지도 모르지만, 아리스토텔레스가 아테네를 떠난 데는 사실 다른 이유가 컸다. 마케도니아의 왕 필리포스 2세가 군대를 이끌고 쳐들어온 상황에서, 마케도니아 지방 출신인 아리스토텔레스의 처신이 곤란해졌기 때문이다. 그는 여러 곳을 여행하며 연구를 계속하다가, 기원전 343년 필리포스 왕의 요청에 따라 당시 열세 살이었던 알렉산드로스의 교육을 맡게 된다.

마케도니아가 그리스 전체를 지배하게 됐을 때 아리스토텔레스는 다시 아테네로 돌아왔다. 그러나 그는 아카데메이아와는 거리를 두고, 기원전 334년 리케이온에 자신의 학교를 세웠다. 이 학교는 지명을 따라 '페리파토스'라 불렸는

데, 아리스토텔레스는 그 일대를 거닐며 강의하던 습관이 있었다고 전해진다. 물론 그가 실제로 돌아다니며 강의를 했는지는 확실치 않지만, 그의 학파가 '페리파토스학파'로 불리는 데서도 플라톤의 '아카데메이아학파'와의 차이를 엿볼 수 있다. 플라톤이 속세를 떠나 아카데메이아에서 앉아 명상하는 철인의 모습과 어울린다면, 아리스토텔레스는 세상을 돌아다니며 탐구하는 학자의 모습에 가깝다. 이곳에서 그는 12년 동안 강의하고 연구하며 백과사전적 지식의 체계를 완성했다.

알렉산드로스 대왕이 기원전 323년 바빌론에서 사망함에 따라 아테네에 대한 마케도니아의 영향력이 줄어들자, 친親마케도니아계로 의심받던 아리스토텔레스는 아테네를 떠나 어머니의 집이 있는 에비아섬으로 달아난다. "나는 아테네인들이 철학에 두 번 죄를 짓도록 허용하지 않을 것이다." 도망하던 아리스토텔레스가 이렇게 말한 것을 보면, '소크라테스의 죽음'은 그에게도 트라우마였음이 분명하리라. 그로부터 1년 뒤인 기원전 322년, 아리스토텔레스는 예순둘의 나이로 에비아섬에서 숨을 거둔다.

고대 그리스인들에게 철학은 현실과의 대결이었다. 대결의 무기는 물론 이성이고, 대결은 사유의 형태로 이루어진다. 플라톤이 이데아라는 초월적 관점에서 현실을 바라보았다면, 아리스토텔레스는 현실 속에서 보편적인 진리를 탐구한다. 플라톤의 이데아 세계가 하나의 완전한 우주라면, 아리스토텔레스의 세계는 여러 서랍이 달린 약장과 같다.

아리스토텔레스는 우리가 경험하는 사물들을 접근 방식에 따라 세 가지로 분류한다. 첫 번째는 '이론적인' 대상들, 두 번째는 '실천적인' 대상들, 세 번째는 우리가 생산하는 '예술적인' 대상들이다. 첫 번째 서랍은 다시 '제일철학' '수학' '자연학'으로 나뉘고, 두 번째 서랍은 '윤리학' '정치학' 그리고 '수사학'의 칸막이로 분류된다. 세 번째 서랍은 '수공업' '시학' '의학'으로 나뉜다.

아리스토텔레스의 학문은 매우 체계적이고 포괄적이다. 여기서 중요한 것은 세계란 우리가 이해하는 방식에 따라 다르게 이해된다는 점이다. 이론과 실천 그리고 예술은 서로 다른 세계의 이해 방식이다. 이론적 대상을 실천적으로 다룰 수 없고, 윤리와 정치처럼 실천적인 것을 예술과 같이 생각할 수도 없다. 요컨대 우리가 경험하는 대상의 성격에 따라 그 이해의 방식이 달라진다는 얘기다. 따라서 세계를 올바로 인식하려면 우리가 인식하는 대상이 어떤 존재인지를 알아야 한다.

존재는 여기 그리고 지금 있는 것이다. 저기 소크라테스가 있다. 우리는 소크라테스의 존재를 인식한다. 여기 강아지 한 마리가 있다. 우리는 강아지의 존재를 느낀다. 플라톤은 모든 것을 이데아로 환원하지만, 아리스토텔레스는 우리가 경험하고 인식하는 것과 객관적인 존재 사이의 '차이'에 집중한다. 아리스토텔레스는 '있다' 또는 '이다', 그리고 '존재한다'의 의미가 이중적이라는 점을 간파했다. 하나는 실체 또는 본질이고, 다른 하나는 특성 또는 속성이다. '이것은 강아지다'라고 할 때 강아지는 독립적인 실체로서의 존재이고, '이 개는 갈색이다'라고 할 때 갈색은 속성을 나타낸다. 이처럼 존재를 가리키는 '이다'는 다양한 의미로 사용될 수 있다.

이론적 대상을 다루는 아리스토텔레스의 제일철학은 '존재론'이라 불리는 존재의 의미를 탐구하는 철학이다. 플라톤이 감각적으로 경험할 수 있는 세계와 이성적으로 사유할 수 있는 세계를 구별하는 데 그쳤다면, 아리스토텔레스는 세계가 현실 속에서 경험되는 다양한 맥락과 의미를 드러낸다. 우리는 흔히 자신이 경험하는 세계를 객관적인 세계로 간주하지만, 철학은 이렇게 우리가 존재한다고 느끼는 세계와 객관적으로 존재하는 세계 사이에 차이가 있다고 전제한다. 이처럼 '세계가 정말 그런 것일까?' 하고 의심하며 현실 속으로 들어가는 순간, 철학은 시작한다.

무엇을 위해 존재하는가?

아리스토텔레스의 제일철학이 인간의 인식 능력과 다양한 인식의 방법을 분석한다면, 그의 자연철학은 자연의 법칙을 탐구한다. 현상을 있는 그대로 받아들이지 않는 의심의 태도는 여기서도 여전하다. 자연 연구는 언제나 먼저 우리가 연구해야 하는 현상이 어떤 것인지 확정하고, 다음으로 그 현상 속에 있는 난점을 조사하고, 끝으로 이 경험에 관한 통상적인 의견을 비판적으로 검토하는 방식으로 이뤄진다. 이 과정에서 난점이 풀리면서 통념이 살아남는다면, 문제가 되는 경험을 충분히 밝힌 셈이 된다.

아리스토텔레스는 경험의 현상을 정확하게 파악하기 위

해 당시의 모든 의견과 지식을 검토하고 연구했다. 그리고 그 연구의 중심에는 '변화'와 '운동'이라는 두 개념이 자리 잡고 있다. 자연은 끊임없이 변화한다. 그렇다면 무엇이 이런 변화와 운동을 일으키는가? 이를 설명하고자 아리스토텔레스는 서양의 사고에서 매우 중요한 두 가지 개념 쌍을 만들어냈다. 하나는 '형상'(아이도스eidos)과 '질료'(힐레hyle)이고, 다른 하나는 '가능성'(디나미스dynamis)과 '현실성'(에네르게이아energeia)이다. 가령 벽돌은 집 짓는 데 사용되는 질료이기도 하고, 직사각형 모양의 형상이기도 하다. 따라서 형상과 질료는 서로 분리된 독립적인 대상이 아니라 특정한 대상이 만들어지는 과정에서 서로 얽혀 있는 두 개의 기능이라 할 수 있다.

아리스토텔레스 철학은 '왜?' 또는 '무엇을 위해?'라는 질문과 함께 시작한다. 자연에 관한 그의 연구 역시 자연의 사물이 '왜' 존재하는가에 대한 대답이다. 아리스토텔레스는 자연에 있는 모든 사물에는 원인과 목적이 있다고 생각한다. 만약 우리가 청동상을 만든다고 한다면 '청동상이 왜 존재하는가'라는 질문에 어떻게 답할 수 있을까? 첫 번째는 청동이라는 재료가 있기 때문이다. 이를 '질료인'이라 한다.

변화·운동	4가지 원인

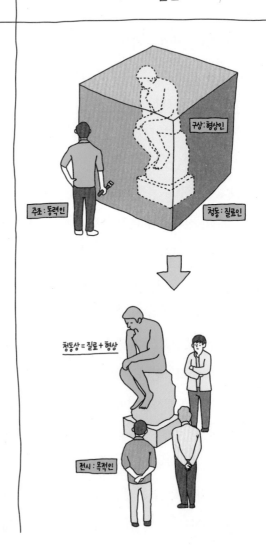

가능성

구상 : 형상인

주조 : 동력인

청동 : 질료인

현실성

청동상 = 질료 + 형상

전시 : 목적인

두 번째는 청동상이 특정한 형태를 갖기 때문이다. 조각가가 구상한 형태가 없다면 청동 조각상은 존재하지 않는다. 이를 '형상인'이라 부른다. 세 번째는 조각가가 청동상을 주조하는 작업을 했기 때문이다. 그러지 않았다면 조각상은 존재할 수가 없다. 이를 '동력인'이라 한다. 끝으로, 동상을 주조하는 목적이 있었기 때문이다. 목적은 곧 이 청동상이 가진 의미다.

여기서 우리는 조각가가 청동이라는 재료로 조각상을 만드는 변화의 과정을 경험한다. 아리스토텔레스는 자연적인 방식으로 생성되고 존재하는 모든 사물은 특정한 목적을 가진다고 여겼다. 자연과 마찬가지로 인간의 모든 행위도 목적을 지향한다. 자연에서 타당한 것은 인간에게도 적용된다. 아리스토텔레스의 철학은 '목적론적' 세계관을 지닌다. 만약 어떤 집이 자연의 산물이라면, 그것은 인간에 의해 만들어지는 것과 똑같은 방식으로 만들어진 것이다. 마찬가지로 그것이 인간의 기술로 만들어졌다면, 그것은 자연에 의해 생성된 것과 똑같은 방식으로 만들어진 것이다. 아리스토텔레스에 따르면 모든 것은 '목적' 즉 텔로스telos를 가진다.

아리스토텔레스 학문의 두 번째 서랍에 들어 있는 실천적 대상들도 목적을 가진다. 아리스토텔레스가 '인간사의 철학' 또는 인간의 문제들에 관한 철학이라고 부른 윤리학과 정치학은 실제로 인간의 행위와 정치제도의 목적에 관한 철학적 성찰이다. 플라톤이 인간의 행위를 선의 이데아라는 절대적인 관점에서 바라보았다면, 아리스토텔레스는 일종의 행동연구자처럼 인간의 행위를 관찰한다. 사람들은 어떻게 행동하는가? 사람들은 왜 저렇게 행동하는 것인가? 플라톤은 도덕적으로 선하게 행동해야 한다고 주장했지만, 아리스토텔레스는 거꾸로 '도덕적으로 행동하는 게 왜 어려운가?'라며 되묻는다. 모든 사람이 행복을 추구하는데, 모두가 행복하지 않은 이유는 무엇인가?

인간의 자기인식:
계몽주의적 휴머니즘

코페르니쿠스,《천구의 회전에 관하여》 1543

_지동설 주장

종교전쟁 1618~1648

_중세의 사회질서 붕괴

토머스 홉스,《리바이어던》 1651

_최초의 사회계약설 제안

아이작 뉴턴,《자연철학의 수학적 원리》 1687

_근대 기계론적 물리학 완성

르네 데카르트 1596~1650

《제일철학에 관한 성찰》 1641

_'나는 생각한다 고로 존재한다'라는 명제로 합리론의 토대 제시

존 로크 1632~1704

《인간 지성론》 1690

_'빈 서판'으로 경험론의 토대 제시

드니 디드로 외,《백과전서》 1751~1772

_계몽주의의 대표 저작

이마누엘 칸트 1724~1804

《순수이성비판》 1781

_합리론과 경험론 종합한 관념론

1.
인간의 자기발견:
데카르트

서양의 고전철학은 동굴 밖의 빛을 발견하려는 노력이었다. 그리고 이제 근대철학은 자기 안에서 빛을 발견함으로써 시작한다. 인간이 자신의 내면에서 발견한 빛은 무엇일까? 인간은 이 빛을 어떻게 발견했는가? 우리는 이 물음에 대한 답을 서양 철학사에서 가장 인상적인 장면을 통해 찾을 수 있다.

아무리 의심해도 확실한 철학의 제일원리

1619년에서 1620년으로 넘어가던 어느 겨울날, 한 군인이 난로 곁에서 상념에 젖어 있었다. 검은 곱슬머리의 이 청년은 두꺼운 군인 외투를 입고 따뜻한 난로 방에 들어앉아 있다. 그는 프랑스 투렌 지방의 소도시 라에에서 부유한 귀족 집안 아들로 태어나 예수회가 운영하는 학교에 입학하여 고전어·수사학·철학·역사·물리 등을 공부했다. 법률가가 되길 바라는 아버지 뜻에 따라 대학에 들어갔지만, 결국 1616년 '세상이라는 큰 책'을 배우기 위해 대학을 떠났다. 철학을 혁명적으로 변화시켜 근대철학의 시초가 된 르네 데카르트의 이야기다.

그런데 왜 그는 스물세 살 나이에 독일 울름 근처 병영에 있었던 걸까? 그의 저서 《방법서설Discours de la méthode》에 그 이유가 나온다.

나는 글로 하는 공부를 완전히 그만두었다. 나 자신 속에서 혹은 세상이라는 큰 책에서 발견할 수 있는 지식만을 추구하자 다짐했다. 그래서 나는 내 청년 시절 여러 곳을 여행하고, 궁정을 방문하고, 군대에 참가하고, 기질과 신분이 다른 사람들과 어울리면서 다양한 경험을 쌓으며 보냈다. 운명에 따라 놓이게 된 모든 상황에서 나 자신을 시험했다.

'세상이라는 큰 책'을 언급하고는 있지만, 그는 자기 자신 속에서 지식을 발견하는 방법으로 '시험'을 제시한다. 세상을 알고자 하는 인식의 방향이 밖의 '세계'에서 인간의 '내면'으로 옮겨 간 것이다.

이러한 사고의 방향 전환은 실로 혁명적이었다. 직업 장교가 되겠다는 야망에 따라 1618년 네덜란드 오라녜가家 나사우 백작 마우리츠의 군대에 참가한 데카르트는 이때 바이에른 막시밀리안 대공의 군대 소속으로 울름 근처의 노이부르크에 있었다. 데카르트는 병영 막사에서 철학적 사색에 잠기곤 했는데, 1619년 11월 10일과 11일 사이 한밤중에 훗날 그의 삶에 깊은 영향을 미칠 세 차례 꿈을 연이어 꾸었다. 폭풍우에 휩쓸리는 첫 번째 꿈. 엄청난 소리의 천둥이 치는 두 번째 꿈. 그리고 커다란 사전과 고대 라틴어 시집이 놓인 탁자에서, 시집을 집어 들고 책을 펼쳐 시구를 읽는 세 번째 꿈. "인생에서 나는 어떤 길을 가야 하는가?" 근대철학의 시작에 결정적인 영향을 준 것은 꿈을 통한 계시였다.

독일을 무대로 신교와 구교 간에 종교전쟁이 벌어진 시기(1618~1648)는 데카르트의 활동 시기와도 맞물린다. 전쟁 중에는 사회의 토대가 붕괴한다. 사회질서뿐만 아니라 세계관과 사고방식도 와해된다. 이처럼 바깥세상에서 전 유럽을 파괴할 무시무시한 전쟁이 시작할 무렵, 데카르트는 안정과 질서를 원했다. 데카르트의 꿈은 세상에 대한 명료하고 분명한, 즉 '명석 판명한clare et distincte' 지식을 얻는 것이었다. 확고한 토대를 구축하기 위해 데카르트는 우선 명료하고 분명하게 인식할 수 없는 것은 의심한다는 규칙을 세웠다. 그는 지금껏 믿고 받아들인 모든 의견을 한번 깨끗이 제거하고, 이성에 부합하는 더 좋은 의견을 받아들이는 것이 최상의 시도라고 생각했다. 태어날 때부터 이성을 온전히 사용하고 이성에 의해서만 인도돼온 경우에라야 인간은 명료하고 분명하게 판단할 수 있다. 데카르트는 종교적 믿음에 근거한 낡은 토대를 이성에 기반한 새로운 토대로 바꾸고자 했다.

근대철학은 모든 것이 의심스러워진 종교전쟁 시대에 탄생했다. 그런데 이렇게 모든 것을 의심하고 회의한다면, 더이상 회의할 수 없는 토대란 없는 것일까? 조금이라도 의심할 수 있는 것을 모두 전적으로 거짓된 것으로 여겨 던져버린 뒤에도, 결코 의심할 수 없는 것은 무엇인가? 데카르트의 철학은 이 물음에 대한 대답이었다. 내가 모든 것을 회의하더라도, 회의하는 사람이 '나'라는 사실을 의심할 순 없다. 내가 모든 것을 거짓이라고 의심하는 동안에도, 이렇게 생각하는 '나'는 존재한다. 여기서 데카르트와 근대철학 전체를 대변하는 명제가 탄생한다. 코기토 에르고 숨Cogito ergo sum. "나는 생각한다, 그러므로 나는 존재한다." 이 진리는 의심의 여지 없이 확고하고 확실한 것이어서 데카르트는 이를 철학의 제일원리로 받아들일 수 있다고 판단했다.

울름 근처의 병영에서 꾼 꿈을 통해 얻은 철학적 영감을 데카르트는 1637년 익명으로 발표한 저서에서 직접 밝혔다. 오늘날 간단하게 '방법서설'로 불리는 이 책은 원래 '이성을 잘 인도하고, 학문에 있어 진리를 탐구하기 위한 방법서설'이라는 긴 제목을 달고 있다. 서양 철학의 혁명을 가져온 이 작은 책은 오늘 인식론의 핵심을 이루는 두 질문을 제기한다. 하나는 "나는 내가 알고 있는 것을 어떻게 아는가?"이고, 다른 하나는 "현실은 얼마나 현실적인가?"이다. 물론이 질문은 고대에도 제기되었지만, 이 물음에 체계적으로 답하려는 시도는 없었다.

고대철학이 세계에 내재하는 영원한 질서에서 출발했다면, 데카르트는 세계를 이해하는 방식을 완전히 뒤집어놓는다. 그의 출발점은 세계가 아니라 '회의하고 생각하는 나'이다. 그리고 확고부동한 진리에 도달하는 데카르트의 방식은 '방법méthode'이었다. 데카르트는 그의 책 제목에도 등장하는 '방법'을 매우 진지하게 생각했다. 오늘날 너무나 일상화된 낱말인 '방법'이 발견되는 순간이었다. 방법은 명료하고 분명한 진리에 이르기 위해 이성을 올바로 사용하는 절차를 가리킨다. 물론 아리스토텔레스의 영향을 받은 스콜라 철학도 이성을 통해 신앙을 입증하려는 논리적 방법을 사용했지만, 이런 절차에 대한 믿음은 이미 흔들리고 있었다.

예를 들면 '모든 인간은 생명체다'(대전제)와 '소크라테스는 인간이다'(소전제)로부터 '따라서 소크라테스는 생명체이다'라는 결론을 이끌어내는 삼단논법은 대전제의 진위에 달려 있다. 만약 22세기에 누군가가 '모든 인간은 사이보그다'라고 말한다면, '따라서 소크라테스는 사이보그다'라는 결론에 도달한다. 스콜라 철학은 증명하고자 하는 지식을 이미 전제하기 때문에 새로운 지식을 생산하지 못한다. 삼단

논법은 인간은 생명체라는 전제가 당연하다는 기존 지식을 확인할 뿐이다. 인간은 생명체인가 아니면 사이보그인가? 이 물음에 답하려면 자연을 연구할 새로운 '방법'이 발견되어야 한다.

방법은 17세기에 시대정신을 반영하는 매우 인기 있는 용어였다. 당시는 세계관이 바뀌고 지식의 패러다임이 크게 변화하던 시기로, 코페르니쿠스에서 뉴턴에 이르는 사고의 과정은 실로 혁명의 과정이었다. 1543년 출간된 주저 《천구의 회전에 관하여》에서 코페르니쿠스는 지구 중심의 천동설을 부정하고 태양 중심의 지동설을 주장했다. 책 제목에 나타나는 '회전revolution'은 '전환' 또는 '혁명'이라는 뜻도 있어서, 지금까지 주장해온 학설과 정반대되는 학설이 나타날 때 '코페르니쿠스적 전환'이라고 말한다. 1,500년 동안 타당성을 가졌던 아리스토텔레스의 세계관이 부정되고 새로운 것으로 대체된 것이다. 그 후 144년이 지난 1687년 출간된 책 《자연철학의 수학적 원리》에서 아이작 뉴턴은 세 가지 운동 법칙으로 표현되는 근대 역학과 고전적 기계론을 완성했다.

아리스토텔레스의 자연관과 물리학은 중세를 거치면서

도 여전히 타당한 것으로 여겨졌다. 이 학설에 따르면 세계의 중심은 지구이며, 지구의 중심은 이성을 가진 유일한 존재인 인간이다. 지구 중심적 세계관은 인간 중심적 사고를 낳았다. 그런데 르네상스 이래 일어난 많은 발견을 통해 이 세계관이 붕괴되었다. 지구는 더 이상 세계의 중심이 아니었다. 새로운 인식과 함께 인간과 자연의 관계가 바뀌고, 자연에 대한 학문적 접근 방식도 변화했다. 코페르니쿠스 역시 자신의 관점을 절대적인 진리가 아닌 하나의 '가설'이라고 말한다.

가설은 그 자체로 진리이기는커녕 개연적일 필요도 없다. 가설은 경험적 관찰과 일치할 수 있는 전제일 뿐이다. 근대 과학은 언뜻 겸손해 보이는 이런 학문적 태도를 토대로 했다. 예를 들어 갈릴레오 갈릴레이는 아리스토텔레스와는 달리 운동의 원인을 묻는 대신 운동의 과정에 집중했다. 그는 다양한 실험을 통해 낙하하는 사물의 운동법칙을 수학적으로 정확하게 계산했다. 갈릴레이는 우주란 "수학이라는 언어로 쓴 커다란 책"이라고 말하면서 이 언어를 습득할 때에야 비로소 우주와 자연을 이해할 수 있다고 주장한다. 자연과학적 가설은 오직 실험을 통해 입증될 때 진리가 된다. 오늘날 우리에게 익숙한 이런 인식은 사실 세계관의 혁명적 변화를 통해 굳어진 것이다. 훗날 학자들은 이러한 변화를 '코페르니쿠스적 혁명' 또는 '패러다임의 전환'이라고 부른다.

코페르니쿠스가 지구를 다시 발견하고 또 콜럼버스가 신대륙을 발견한 시대에 인간의 내면을 발견한 사람은 철학자 데카르트였다. 그는 철학의 새로운 시작을 시도했다. 한편으로는 스콜라 철학을 거부했고, 다른 한편으로는 오직 경험적으로 인식할 수 있는 것만을 인정한 베이컨의 입장과 거리를 두었다. 데카르트는 단순한 사변과 순수한 경험 사이에서 제3의 길을 찾았다. 사변과 경험의 방법으로는 인간 정신을 파악할 수 없다고 본 것이다. 그는 우리가 이성을 올바로 사용한다면, 그 이성이 바로 정신의 실체를 파악할 수 있는 길을 보여줄 것이라고 믿었다.

데카르트는 간접적인 추리에 의거하지 않고서도 직관적으로 진리임을 인지할 수 있는 것이 존재한다고 주장한다. 그것이 '관념idea'이다. 플라톤의 이데아론에서 보듯 고대 그리스인도 관념이라는 개념을 사용했지만, 그 뜻은 데카르트에게서 완전히 바뀐다. 고대의 '이데아'가 세계에 객관적으로 주어진 실체라면, 데카르트의 '관념'은 오직 우리의 정신에 선천적으로 주어진 것이다. 같은 낱말로 표현되는 두 개념 모두 오직 이성을 통해 정신적으로 파악될 수 있다는 공통점을 갖고 있지만, 그 내용은 완전히 달라진 것이다.

정신과 신체가 분리된 근대인

우리의 지식은 감각적 경험에서 오거나 아니면 사유를 통해 정신적으로 파악된 것이다. 감각은 우리를 종종 속인다. 과거의 잘못된 경험은 현재 일어나는 우리의 지각에 영향을 주기 때문에 감각적 경험은 믿을 만한 토대가 되지 못한다. 그렇다면 정신은 우리를 기만하지 않는가? 모든 것을 의심하는 데카르트는 사물의 존재를 의심스럽게 만드는 꿈의 예를 든다. 우리가 경험하는 세계가 실제로 존재한다는 것을 증명하려면 꿈과 현실을 구별할 명확한 기준을 제시해야 한다. 우리가 꿈속에서 현실보다 훨씬 더 현실 같은 세계를 생생하게 경험한다면, 어떻게 명증한 지식을 얻을 수 있겠는가?

외부의 세계가 실제로 존재하지 않는데도 실제로 있는 것처럼 기만할 수 있다는 가능성을 의심하고 검토하기 위해 데카르트는《제일철학에 관한 성찰Meditationes de prima philosophia》에서 '기만하는 악령'을 실험적으로 상상했다.

나는 이제 진리의 원천인 전능한 신이 아니라, 최고로 유
능하고 교활한 악령이 온 힘을 다해 나를 속이려 한다고
가정할 것이다. 또 하늘, 공기, 땅, 색, 형태, 소리 및 모든
외적인 것은 쉽게 믿는 내 마음에 덫을 놓은 꿈의 속임수
일 뿐이라고 여길 것이다.

사물이 환상이 아니라 실제로 존재한다는 것을 증명하려
면 선한 신이 존재함을 증명해야 한다. 신은 누구인가? 우
리는 신을 경험할 수 없기 때문에, 우리가 신에 관해 생각할
수 있는 것은 완전한 존재라는 관념뿐이다. 완전한 존재는
당연히 존재해야만 한다.

데카르트는 감각과 정신을 의심하고 검토하는 과정에서
신 존재 증명에 도달했다. 아무리 의심해도 내가 의심한다
는 사실은 의심할 수 없다면, 의심하는 나의 정신적 능력이
중요하다. 정신적 능력 없이 우리는 의심할 수도 없고 생각
할 수도 없다. 데카르트는 이렇게 개념을 만들고 파악하는
능력을 '관념'이라 부른다. 관념은 우리가 세계를 바라보는

일종의 틀과 같은 것이다. 이 관념의 틀이 없다면 우리는 세계를 인식할 수 없다.

대부분의 관념은 우선 경험을 통해 얻은 '외래 관념'이다. 개와 말을 많이 보면, 우리는 이 말이 무엇을 뜻하는지 알게 된다. 두 번째 관념은 기존의 외래 관념을 상상을 통해 결합해서 만들어내는 '인위 관념'이다. 용이나 유니콘 같은 관념이 여기에 속한다. 그러나 핵심은 진리, 삼각형, 신처럼 선천적으로 주어진 '본유 관념'이다. 그것은 경험을 통해 얻어지는 것도 아니고, 인위적으로 만들어진 것도 아니다. 그것은 인간이 태어나면서부터 가진 '생득적 관념'이다. 이 관념은 우리가 의심하고 생각하는 주체라는 사실을 인식할 때 작동한다. 데카르트의 본유 관념은 오직 정신을 통해서만 파악되는 관념이다.

데카르트와 함께 근대인은 '생각하는 나'를 발견한다. 의심하고 사고하고 실험하는 정신적 주체의 발견과 함께 근대의 휴머니즘은 시작한다. 인간에게 사유하고 의욕하고 수학적으로 계산하고 판단할 수 있는 능력을 주는 이런 정신은 완전히 비물질적이다. 그런데 데카르트는 우리가 경험하는 외부 세계는 '물질'로 구성되었다고 보았다. 물질은 연

장되거나 분할된다. 물질세계는 오직 기계론적 법칙에 따라 움직인다. 이렇듯 데카르트에 와서 정신과 물질은 이원론적으로 완전히 분리되기에 이른다. 데카르트의 인간은 서로 분리된 세계를 구성하는 '정신'과 '신체'로 구성된 존재다. 인간의 정신은 오직 인식하는 주체에 의해서만 파악될 수 있으므로, 정신세계의 법칙은 '연역적'이다. 반면 물질로 구성된 우리의 몸은 외부에서 경험을 통해 인식되기 때문에 그 법칙은 '귀납적'으로 밝혀진다.

인간의 몸이 아무리 훌륭한 기계라 하더라도, 인간이 인간인 것은 생각하는 능력 덕분이다. 데카르트는 인간이 정신과 신체의 구성물이라고 말하지만, 정신을 신체보다 훨씬 높이 평가한다. 정신은 신체 없이 존재할 수 있으나, 신체는 정신 없이는 존재할 수 없다. 그렇다면 데카르트의 인간은 '사유하는 기계'인가? 아니면 300년 뒤 영국 철학자 길버트 라일이 말한 것처럼 "기계 속의 유령"인가? 모든 것을 물질의 작용으로 이해하려는 오늘날, 데카르트의 '마음과 신체의 이원론'은 여전히 커다란 물음표로 남아 있다. 물질세계로 환원될 수 없는 인간의 마음이란 무엇인가?

2.
나는 내가 경험하는 것이다:
로크

16세기에서 17세기로 넘어가는 세기 전환기는 정치적 불안정과 자연과학적 발견의 시대였다. 세계의 중심이 바뀌던 이 동요의 시대에 철학자들은 '확고한 토대'를 찾아 나섰다. 철학사에서 종종 '합리론'과 '경험론'이 충돌한 것으로 서술되는 시기가 바로 이 무렵이다. 데카르트를 중심으로 한 대륙의 철학은 새로운 시대의 토대를 이성(라틴어 ratio)의 원리에서 찾았다고 하여 '합리론', 영국의 철학은 경험(그리스어 empeiria)을 중시했다는 면에서 '경험론'으로 불린다.

하지만 당시 사상가들이 이성과 경험 중 어느 하나를 선호했다고 해서 다른 하나를 배척한 것은 아니었다. 데카르트, 라이프니츠, 파스칼처럼 중요한 수학자이기도 했던 합리론자들은 방법론적 엄밀성 때문에 혼란스러운 감각보다 명료한 이성을 더 신뢰했다. 반면 자연과학과 의학에서 출발한 경험론자들은 세계를 발견하는 데 관심이 많아 경험을 중시했을 뿐이었다. 이들은 결코 직관적으로 얻은 자신의 진리를 광야에서 외치는 자들이 아니었다. 대부분 변화하는 시대정신을 포착함으로써 자기 시대를 대변하는 자들이었다.

새로운 시대의 철학자

영국 경험론의 토대를 놓은 존 로크는 누구보다 자기 시대를 잘 대변하는 철학자였다. 영국 시민계급이 시민전쟁의 혼란을 겪고 성공적인 명예혁명(1688)을 치른 후 중요한 정치·경제 세력으로 부상하던 역사적인 순간, '이성적인 시민'을 대변하는 철학자가 바로 로크였다. 그는 자본주의 정신의 토대가 되는 소유권과 이에 기반한 개인주의를 발전시켰다.

로크는 종교전쟁 이후 정치와 종교의 관계를 묻는 시대적 요청에 부응해 《관용에 관한 서한A Letter Concerning Toleration》을 1689년 익명으로 발표했다. 또한 그는 교육에 관한 글을 써 사회사적으로 중요한 자료를 남겼고, 상품가격과 화폐가치에 관한 글을 통해 최초의 정치경제학적 이론을 제공하기도 했다. 1690년에는 그의 주저로 꼽히는《인간 지성론An Essay Concerning Human Understanding》과《통치론Two Treatises of Government》을 출간했다. 이러한 로크의 책들은 당시 여러 언어로 번역된 베스트셀러였으며, 그는 1689년부터 프랑스 대혁명이 일어난 1789년까지 100년 동안 가장 많이 읽히는 영향력 있는 철학자로 군림했다. 시대를 가장 잘 대변하던 철학자가 결국 시대를 초월하는 지적 영향력을 얻게 된 셈이다.

자유주의 정치 운동의 창시자로 평가받는 로크의 정치사상은 그의 정치적 경험과 밀접한 관련이 있다. 로크는 1632년 영국 서머싯의 작은 마을 링턴에서 법조인의 아들로 태어났다. 그의 아버지는 청교도 혁명 당시 올리버 크롬웰 밑에서 싸운 의회파 군대의 기병대장이었다. 그의 할아버지는 의류업으로 상당한 자산을 모은 청교도적인 상인으로서 왕가에 대해 비판적이었고, 군주제와 퇴폐적인 가톨릭교회를 혐오하고 의회를 옹호했다. 영향력 있는 의회파였던 친지의 후원을 받은 그는 1647년 저명한 웨스트민스터 기숙사학교에 입학하여 우수한 성적으로 졸업했다. 또한 1652년 옥스퍼드대학교에 장학생으로 입학하여 언어·논리학·수학·윤리학·형이상학 및 스콜라 철학 등을 두루 공부했고, 튜터로 활동하며 그리스어·수사학·윤리학을 가르쳤다.

그러던 중 로크는 두 가지 중요한 만남을 겪게 된다. 1661년 아버지가 사망함에 따라 로크는 토지를 소유한 지주가 되었다. 경제적으로 독립한 그는 자신이 매료되었던 자연과학 공부를 하고, 특히 의학에 매진했다. 의학 공부를 마친 뒤엔 설립된 지 얼마 되지 않은 영국 학술원 회원이 됐고, 그곳에서 뉴턴과 만나 평생 친교를 맺었다. 자연과학자들과의 친교와 자연과학적 연구는 이후 로크 인식론의 토대가 된다.

한편 그의 정치사상에 영향을 미친 것은 훗날 1대 섀프츠베리 백작이 될 앤서니 애슐리 쿠퍼와의 만남이었다. 로크의 후원자였던 그는 의회파로서 대지주인 지방 귀족의 이익을 대변했고, 진보적인 휘그당을 창설하여 지방 귀족과 시민의 이해관계를 대변했다. 이들은 국가가 사상과 신앙, 상업과 무역에서 시민에게 최대의 자유를 보장해야 한다는 자유주의를 추구했지만, 현실은 그런 이상과는 거리가 멀었다. '어떻게 하면 국가가 왕가와 대귀족뿐만 아니라 모든 시민의 자유를 보호할 수 있을까?' 이는 현실적인 과제인 동시에 철학적인 문제였다.

서양 철학자들은 거의 2,000년 동안 법과 지배 그리고 윤리의 확고한 토대를 '자연'과 '신의 의지'에서 얻었다. 세계의 질서는 자연의 질서이거나 아니면 신의 섭리가 지배하는 질서였다. 절대주의 국가의 왕은 이 같은 자연권과 신권을 모두 대변하는 존재였다. 그런데 로크가 활동한 17세기에 이러한 토대가 흔들리기 시작했다. 관찰과 실험을 바탕으로 새롭게 부상한 근대의 자연과학은 자연 질서에 대한 믿음을 뒤흔들어놓았고, 종교전쟁은 신의 질서에 대한 믿음을 파괴하기 시작했다. 인간이 새롭게 경험하기 시작한 자연의 질서와 인간의 질서 사이에 커다란 틈이 생겨난 것이다.

국가는 시민들의 자유로운 계약의 산물

그렇다면 사람들이 더불어 살아가는 사회의 질서, 즉 인간의 질서는 어떻게 정당화될 수 있을까? 이것이 근대철학의 문제였다. 국가가 신에 의해 주어진 질서가 아니라면, 국가의 이성적인 법질서는 어떻게 만들 수 있는가? 이 문제를 풀기 위해 근대 철학자들은 '사고의 실험'을 했다. 국가의 자연적인 토대가 붕괴했다면, 사고의 실험을 통해 가상적인 자연 상태를 설정함으로써 새로운 국가와 법질서를 정당화할 수 있다고 믿은 것이다. 그리하여 이들은 새로운 법질서를 끌어낼 모델로서 '사회계약'을 제시했다. 이들이 보기에 국가는 허구적으로 상상된 자연 상태에서 시민들이 맺는 사회계약의 산물이었다.

로크가 시민의 자유를 보장할 국가에 관한 성찰을 시작할 무렵 사회계약론은 이미 다양한 형태로 존재했다. 사회계약의 이론적 모델을 최초로 명확하게 제시한 토머스 홉스의 《리바이어던》이 1651년 출간되었다. 홉스가 허구적으로 그린 자연 상태는 이기적 본성을 지닌 개인들이 자신의 이익을 한없이 추구하는 '만인에 의한 만인의 투쟁'이었다. 홉스에 따르면 전쟁의 자연 상태에서 벗어나 평화로운 시민사회를 만드는 길은 개인이 갖고 있던 권리를 국가에 양도하여 주권을 창조하는 사회계약뿐이었다. 국가는 이처럼 신에 의해 주어진 것이 아니라 시민의 사회계약으로 만들어진 인공적 산물이었다.

그러나 가설을 다르게 설정하면 자연과학적 결과도 달라진다. 사고의 실험을 통해 상상된 자연 상태의 모습이 다를 경우엔 사회계약의 결과도 달라지는 것이다. 홉스의 시작이 자기보존을 위해 싸우는 이기적 인간이었다면, 로크의 자연 상태는 '태초에 노동을 통해 자신의 소유를 만든 인간'에서 출발한다. 로크는 사회계약의 주체가 '소유하는 시민'이라고 보았다. 그는 노동의 가치를 철학적으로 정립하고, 소유라는 개념을 정당화한 최초의 철학자였다. 17세기 시민계급이 한편으로는 '교육'을 통해 그리고 다른 한편으로는 '재산'을 통해 형성되었다면, 옥스퍼드에서 교육받은 지주계급 출신의 로크는 새로운 계급인 '소유 시민', 즉 부르주아를 가장 잘 대변했다.

로크가 가정한 자연 상태에서 사람들은 노동을 통해 자신의 재산을 정당하게 소유한다. 그런데 구약성서에서 대지는 신에 의해 모든 사람에게 공동으로 주어진 것으로 묘사된다. 만약 우리가 대지의 공동 소유를 가정하면, 개인 소유의 문제가 제기되는 것이다. 우리는 어떻게 어떤 대상을 자기 것으로 소유할 수 있는가? 로크는 인격과 소유와 노동을 결합함으로써 이 물음에 해결책을 제시한다.

이 대지와 모든 열등한 피조물이 모든 사람에게 공유물로 주어진 것이긴 하지만, 사람은 누구나 자기 자신의 인격에 대한 소유권을 갖고 있다. 이 인격에 대해서는 그 이외의 누구도 권리를 갖지 않는다.

로크가 《통치론》에서 발전시킨 소유 이론은 당대에는 가히 혁명적인 시각이었다. 우리의 노동은 우리의 소유인 까닭에, 노동으로 일군 생산과 재산은 당연히 나의 정당한 소유다. 이런 맥락에서 로크는 자본주의의 시조로 불려 마땅하다.

인간이 자연 상태에서 자유를 누리는 것은 선천적으로 주어진 권리다. 로크는 생명에 대한 권리와 소유에 대한 권리가 동등하다고 보았으며, 약탈과 도둑질도 살인과 마찬가지로 중히 여겨 똑같이 사형을 요구했다. 이렇게 개인의 재산을 안전하게 지키고자 시민들의 사회계약을 통해 만들어진 기관이 바로 '국가'다. 물론 로크의 국가는 홉스의 국가와는 달리 국민 위에 절대적으로 군림하는 것이 아니다. 국가가 국민의 재산을 안전하게 보호하지 못하면, 계약의 주체인 국민은 계약을 파기하고 국가에 저항할 수 있다.

로크의 정치철학은 두 얼굴을 하고 있다. 한편으로는 자연 상태에서 모든 인간이 자유롭고 평등하다고 주장하지만, 다른 한편으로는 화폐가 지배하는 자본주의 사회의 불평등을 정당화한다. 부와 재산이 열심히 일하는 사람에게 주어지는 정당한 보상이라고 할 때, 사회적 불평등은 결국 노동과 노력의 불평등이다. 로크의 국가는 이처럼 모든 소유자의 이익을 대변한다. 이 국가는 고대의 국가처럼 공익을 추구하는 도덕적 국가가 아니다. 오직 경제적 성공만이 국가를 도덕적으로 정당화한다. 고대 철학자들이 비판적으로 바라보았던 돈을 버는 영리 행위 자체가 하나의 새로운 덕성이 된 것이다. 이렇게 로크는 당시 발전하기 시작했던 자본주의의 시대정신에 가장 잘 부합하는 국가 모델을 제시했다.

오직 경험만이 나와 사회를 만든다

로크의 정치철학이 당시 그가 놓인 역사적·사회적 환경을 철저히 반영하고 있듯, 그의 인식론에도 정치적 동기가 있었다. 로크는 당시 사회의 토대가 되었던 종교적이고 형이상학적인 가정을 쓸모없는 것으로 폐기하고 새로운 토대를 구축하고자 했다. 올바른 판단의 근거를 백지에 새로 쓰고 싶었던 것이다. 그의 관심은 오직 경험에 근거한 세계의 체계였다. 경험적으로 검증된 것만을 타당하다 여기고, 데카르트의 본유 관념처럼 사변적인 것을 부정하는 이런 입장은 이후 경험론의 토대가 된다.

물론 중세 사상가 오컴의 윌리엄도 사유 속에 개념적으로만 존재하는 추상적인 것을 부정하고, 경험적으로 인식할 수 있는 것만이 실재한다고 주장한 바 있다. '오컴의 면도날'로 불리는 "많은 것을 필요 없이 가정하지 말라"는 명제는 추론의 경제성만 강조하는 듯 보이지만, 사실 개념보다 경험을 중시하는 경험론적 태도를 대변한다. 그뿐만 아니라 레오나르도 다빈치, 갈릴레이, 프랜시스 베이컨, 홉스는 모두 경험론적 입장을 취했다.

그렇다면 로크의 경험론은 어떤 점에서 특별한가? 경험적 연구가 방대하고 그 체계가 엄밀하기 때문은 아니다. 그는 인식론의 핵심적 문제를 정확하게 포착했다. '나는 내가 알고 있는 것을 어떻게 아는가?' 그의 사회계약론이 국가의 법질서를 구축하기 위해 자연 상태를 가정한 것처럼, 로크는 새로운 인식론을 발전시키기 위해 오성의 자연 상태를 가정한다. 그것이 바로 '빈 서판'이다. 사물을 인식하고 낱말을 배우는 어린아이를 보면 알 수 있듯 우리의 오성은 아직 아무것도 쓰지 않은 백지와 같다는 의미다. '빈 서판'은 깨끗이 닦아낸 서판이라는 뜻의 중세 라틴어 '타불라 라사tabula rasa'를 의역한 말이다. 인간 오성의 자연 상태는 백지 또는 빈 서판이다. 로크는《인간 지성론》에서 이렇게 말한다.

이제 마음이 가령 아무 글자도 적혀 있지 않고 아무 개념도 담겨 있지 않은 흰 종이라고 가정해보자. 그것은 어떻게 채워지는가? 그 종이는 어떻게 인간의 분주하고 무한한 공상에 의해 거의 무한할 정도로 다양하게 그려지는 광대한 내용을 획득하게 되는가? 그것은 어떻게 이성과 지식의 모든 재료를 갖게 되는가? 이에 대한 내 대답은 한마디로, '경험으로부터'라는 것이다.

오직 경험만이, 우리가 인식하는 세계를 백지에 써 내려간다.

로크는 인간이 수학적 이상, 영원한 진리, 신의 관념을 갖고 태어난다고 주장하는 데카르트의 본유 관념 이론을 반박했으며, 교회의 권위와 신성 왕권을 정당화하는 어떤 교조주의에도 반대했다. 그에게 자명한 진리란 존재하지 않았다. 경험에서 비롯되는 사상은 사람마다 다르기에 의견의 차이가 발생하는 것은 당연하다. 사상이 다른 것은 마음의 능력 차이에서 기인하는 것이 아니라 마음이 서로 다른 역사를 경험한 결과다. 따라서 사상의 차이는 관대하게 용인되어야 한다.

'빈 서판'은 로크의 인식론을 대변할 뿐 아니라 정치적·윤리적 의미도 갖는다. 경험을 백지에 새로 쓸 수 있다는 생각은 혁명적이다. 이 학설에 따르면 인종·종교·성을 비롯해 개인들 간의 어떤 차이도 선천적인 것이 아니라 경험의 차이에서 발생한다. 따라서 육아·교육·국가 등 제도를 통해 경험의 조건을 개혁하면 인간을 바꿀 수 있다. 경험은 정치적 현상을 타파할 수 있는 토대가 되었다. 또 만약 모든 사람이 백지상태로 출발한다면, 그 누구도 타고난 지혜와 물려받는 신분을 주장할 수 없다. 결과적으로 '빈 서판'은 세습적인 왕권과 귀족 신분의 정당성을 파괴하는 개념이 되었고, 우리의 신념을 위한 신성한 경전이 되었다.

로크의 철학은 인식론이 단순히 인식의 과정과 패턴을 규명하는 데 그치는 것이 아니라 언제나 정치적이고도 윤리적인 힘을 지니고 있음을 잘 보여준다. 로크의 경험론은 한편으론 우리의 오성에는 감각을 통해 들어오지 않는 것은 아무것도 없다고 주장하며, 다른 한편으론 새로운 생각을 서판에 쓰고, 그 결과를 반성하고, 새로운 목적을 위해 행동하라고 요구한다. 철학은 이렇듯 현실을 경험하고 성찰함으로써 새로운 경험을 하도록 우리를 유혹한다.

3.
자유를 찾는 이성의 모험:
칸트

우리가 바라보는 별이 총총한 하늘은, 그 너머의 세계를 사유하는 형이상학의 원천이 되곤 했다. 고대 그리스의 탈레스 일화는 하녀의 조롱을 산 형이상학이 별을 보며 탄생했음을 잘 말해준다. 그런데 종교에 대한 믿음이 저물어가고 과학과 기술이 발전하기 시작한 18세기에 이르러 형이상학은 온갖 모욕을 당하고 있었다. 형이상학을 조소하고 경멸하는 것이 유행일 지경이었다. 이때 쾨니히스베르크의 들판에서 어머니의 손에 끌려 초롱초롱한 눈망울로 별이 총총한 하늘을 바라보던 소년이 있었다. 훗날 이성의 새로운 토대 위에 형이상학의 체계를 다시 세우고자 한, 근대의 대표적인 철학자. 그가 바로 이마누엘 칸트다.

새로운 형이상학은 새로운 별의 발견과 함께 시작한다. 훗날 칸트는 《실천이성비판Kritik der praktischen Vernunft》 맺음말에서 이 경험을 이렇게 표현한다.

내가 자주 그리고 계속해서 생각하면 생각할수록 나의 마음을 더욱 새롭고 더욱 커다란 놀라움과 경외감으로 채워 주는 것이 두 가지 있다. 내 머리 위 별이 총총한 하늘과 내 마음속 도덕법칙이 그것이다.

쾨니히스베르크 성의 추모 현판에도 새겨진 이 말은 칸트 철학의 방향을 말해준다. 그의 철학은 무한한 우주에서 티끌 같은 존재인 인간의 존엄을 확보하려는 이성의 모험이었다.

철학자의 삶이 사상에 어떤 영향을 미쳤는지, 또 철학적 사유의 은밀한 동기가 무엇인지는 여전히 풀기 어려운 수수께끼 같다. 칸트의 방대한 저서와 그가 발전시킨 형이상학의 엄밀성 및 체계성을 생각하면 그의 삶에 대한 궁금증은 더해가지만, 그의 생애는 말로 서술하기가 퍽 어렵다. 독일의 시인 하인리히 하이네가 정확하게 표현한 것처럼 칸트에게는 이야기할 만한 삶도, 이야기도 없기 때문이다.

자신이 가르친 대로 산 그의 무미건조한 삶은 그의 혁명적 사상과 묘한 대조를 이뤄서, 그가 평생 스스로 정한 법칙에 따라 살았다는 사실 자체가 놀라움의 대상이 되곤 한다. 정해진 시간에 일어나 정해진 시간에 강의하고, 정해진 시간에 산보하고 작업한 다음, 정해진 시간에 취침한다. 쾨니히스베르크 시민들이 홀로 산책하는 그를 보고 시계를 맞추었다는 전설 같은 이야기까지 전해진다. 무엇 때문에 그는 법칙에 매료되었던 걸까? 그의 형이상학에 대한 열정은 어디에서 온 것일까? 평생 독신이었던 칸트의 외면적 삶은 단조롭고 밋밋했을지언정 별이 총총한 하늘을 바라보며 철학의 근본 질문에 매진했던 그의 정신세계는 단조롭지 않았으리라.

인간 정신이란 무엇인가?

칸트가 《순수이성비판Kritik der reinen Vernunft》에서 서술한 철학의 근본 문제는 세 가지다. '나는 무엇을 알 수 있는가?' '나는 무엇을 해야 하는가?' '나는 무엇을 바라도 되는가?' 각각 인식론적·윤리학적·종교철학적 물음으로 이해될 수 있는 이 질문들은 종국엔 '인간이란 어떤 존재인가?'라는 물음으로 귀착된다. 그리고 이것이야말로 철학의 가장 근본적인 물음이자 가장 커다란 물음이다. 칸트는 이 물음에 대한 답을 얻으려고 노력하는 과정에서 경험과는 관계없이 타당한 순수한 도덕법칙이 존재하며, 인간은 이성을 가진 존재이기에 자유로울 수 있다는 인식에 도달했다. 칸트의 형이상학은 '이성'과 '자유'에 관한 성찰이었던 셈이다. 칸트의 《순수이성비판》이 출간된 1781년부터 헤겔이 죽은 1831년까지의 반세기는 이성과 자유의 관계를 체계적으로 정립하려고 시도한 독일 관념론의 시대였고, 칸트는 이 새로운 형이상학의 시대를 열었다.

그는 평생 쾨니히스베르크를 떠나지 않은 채 철학의 커다란 문제에 몰두했다. 런던을 한 번도 가보지 않았으면서 웨스트민스터 다리 건축 구조에 대해 런던 사람들보다 더 정확하게 알았던 칸트의 독서량은 실로 어마어마했다. 그의 독서는 뉴턴을 위시하여 당대의 유명 과학자 라이프니츠의 합리론과 흄의 경험론을 중심으로 한 주요 사상가들을 망라했다. 그렇지만 칸트는 위대한 사상가의 지식에 매몰되지 않았다. 그는 철학의 근본 문제를 다시 정립하고, 이를 해결하려 노력했다.

시간과 공간은 절대적인가 아니면 상대적인가? 시간과 공간은 존재하는가 아니면 사물을 인식하는 인간 정신의 도식에 불과한가? 어느 쪽이든 다 나름의 방식으로 타당해 보였고 재고의 여지가 있었다. 모든 것을 움직이게 만드는 '힘'은 무엇인가? 이 질문에 대한 뉴턴과 라이프니츠의 대답은 같지 않았다. 뉴턴은 힘을 물리적 물체에만 적용했는데, 라이프니츠는 생명체의 에너지도 설명하려고 했다. 여기서 칸트는 자신만의 철학적 물음을 얻는다. '생명의 과정을 물체처럼 수학적으로 서술할 수 있는가?' 칸트는 인간 정신처럼 살아 있는 힘은 수학의 영역에서 완전히 배제되어야 한다고 생각했다. 정신의 법칙은 수학적 법칙이 아니며, 정신은 그만의 고유한 법칙을 따른다. 그가 평생 유지한 이 확신은 그의 철학 전반에 깔려 있다. 과연 인간 정신이란 무엇인가?

'생명이란 무엇인가?' '우주는 무엇인가?' '정신은 무엇인가?' 18세기에 이런 질문은 모두 신학의 영역에 속했다. 신을 전제하지 않고 생명·우주·정신을 설명하려는 사람은 의심을 받았다. 무한한 우주의 셀 수 없는 별을 바라보기만

해도 인간이라는 동물의 존재가 얼마나 하찮은지 알 수 있으니, 지구가 우주의 중심이 아니라는 것만은 분명했다. 무한한 우주 속 하찮은 인간 존재는 신을 요청하는 것처럼 보였다.

칸트 역시 경건한 종교적 분위기에서 성장한 인물이다. 하지만 그가 믿는 신은 기독교적 신이 아니었다. 18세기에 신은 점차 움직이는 물질을 창조하고, 이 물질들이 영원한 자연법칙에 따라 움직이도록 만든 '제일 원인'으로 이해되었다. 당시에는 자연의 신비로운 작용에서 신의 존재를 증명하려는 시도가 유행했다. 그렇지만 칸트에게 자연과학적 신 존재 증명은 엄밀한 의미에서 증명이 아니었다. 우리가 신의 존재를 논리적으로 증명할 수 있어서 신을 믿는 것은 아니다. 신은 단지 세계 내의 모든 관계가 '마치' 하나의 필연적 원인에서 발생하는 것'처럼' 세계를 바라보도록 만드는 '규제적 원리'다. 신이 존재해야 한다면 논리적 근거로서가 아니라, 우리 인간이 도덕적으로 행동할 수 있는 근거로서 요청되기 때문이다. 칸트의 신은 그 존재를 증명할 수 있는 실제의 신이 아닌, 인간이 윤리적으로 행동하기 위해 요청할 수밖에 없는 '도덕적 신'이다.

칸트를 교조적 독단론(증명할 수 없는 것을 증명할 수 있다고 주장하는 것)의 잠에서 깨어나게 한 것은 흄의 회의론이었다. 의지는 자유롭지 않다. 정신은 정념의 노예다. 자연이라는 것은 우리 정신의 인과론적 장치가 투사된 것에 불과하다. 흄의 이런 회의론적 주장은 전통적 형이상학의 토대를 완전히 파괴했다. 흄이 보기에 우리가 경험하는 세계는 원인과 결과의 연쇄작용에 불과했다. 우리가 세계를 인과론적으로 경험하는 것은 세계 자체가 인과관계로 되어 있어서가 아니라, 우리의 뇌가 인과적으로 사고할 수밖에 없기 때문이다. 그렇지만 인과론은 우리 삶에 의미를 부여하는 목적과 목표에는 적용되지 않는다. 인과의 연쇄에는 목적도 목표도 없다. 따라서 인과관계는 의미를 만들어내지 못한다. 간단히 말하자면 어떤 존재도 도덕적 당위의 방향을 제시하지 않는다. 자연을 객관적으로 관찰하고 설명한다고 해서 우리가 윤리적으로 살 규범이 얻어지는 것이 아니다.

여기서 칸트의 진짜 철학이 시작한다. 칸트는 종종 합리론과 경험론을 종합하여 새로운 형이상학을 정립했다는 평가를 받는다. 인간의 이성에 기반하여 세계를 설명하려는 태도가 합리론이고, 경험할 수 없는 어떤 것도 의심하는 회의론이 곧 경험론이다. 칸트는 한편으로는 신의 존재를 증명할 수 없다는 회의론을 형이상학의 운명으로 받아들이고, 다른 한편으로는 인간의 이성이 도덕적 신을 요청할 수밖에 없음을 규명한다. 칸트는 새로운 형이상학의 근거를 인간의 이성 자체에서 찾았던 것이다.

우주와 자연, 그리고 신은 형이상학의 근거가 아니다. 칸트의 형이상학적 근거는 바로 생각하는 인간 자체다. 칸트에게 세계를 인식한다는 것은 자신을 인식한다는 것을 의미한다. 코페르니쿠스가 세계를 바라보는 관점을 지구에서 태양계로 옮겨놓은 것처럼, 칸트는 형이상학의 관점을 전환하고자 한다. 관점은 이제 인간 밖의 우주에서 인간 안의 우주, 즉 정신으로 옮겨간다. 그래서 칸트는 자신의 철학을 스스로 '코페르니쿠스적 전환'이라고 부른다. 모든 세계가 우리의 정신 안에 있고 또 세계의 모든 합리성이 사실은 우리 정신의 능력이라는 사실을 깨닫게 되면, 우리의 정신 자체가 신비로운 우주가 된다. 신에 대한 믿음이 사라지면서 상실되었던 세계의 중심을 다시 찾은 것이다. 근대 휴머니즘은 이렇게 유한한 인간 정신에 대한 믿음과 함께 탄생했다.

그런데 칸트가 '모든 세계는 우리 의식의 산물'이라는 흄의 회의론을 받아들이면서도 흄을 넘어서서 '도덕적 신'을 요청한 까닭은 무엇인가? 칸트는 그가 12년이나 작업하여 1781년 출간한 《순수이성비판》 머리말 첫 문장에서 그 동기를 밝힌다.

인간의 이성은 어떤 종류의 인식에서 특수한 운명을 지니고 있다. 이성은 거부할 수도 없고 대답할 수도 없는 질문들로 괴로워하는 운명이다. 거부할 수 없음은 질문들이 이성 자체의 본성에 의해 이성에 부과되었기 때문이다. 대답할 수 없음은 그 질문들이 인간 이성의 능력을 초월하기 때문이다.

우리 인간이 대답할 수 없지만 거부할 수 없는 질문들이 바로 형이상학적 질문들이다. 칸트는 인간 이성의 한계를 시험하고자 한다. 그의 철학이 '비판철학'인 것은 이 때문이다. 대답할 수 있는 질문과 대답할 수 없는 질문의 경계를 분명히 설정하고 또 그렇게 함으로써 대답할 수 없는 질문의 의미가 무엇인지를 명료하게 규명하는 것은 이제 새로운 형이상학의 과제가 된다.

얇은 이성과 감성의 콤비 플레이

출간될 때부터 난해하고 어렵기로 소문난 《순수이성비판》은 오늘날에도 여전히 잘 읽히지 않는다. 그 방대한 내용과 복잡한 체계에 빠지면 헤어나지 못하는 것으로 유명하다. 따라서 그 내용보다는 오히려 철학적 동기와 방향을 이해하는 것이 오늘날 우리의 문제를 파악하는 데 도움이 된다.

인간 이성은 세계를 어떻게 인식하는가? 세계를 인식할 때 우리의 의식은 어떻게 작동하는가? 우리의 모든 인식은 경험으로 시작한다는 사실은 의심의 여지가 없다. 우리가 감각을 통해 수동적으로 지각하는 외부의 경험이 없다면 우리의 이성은 작동하지 않는다. 그러나 이러한 경험 자료들이 이성을 통해 판단되지 않으면, 그것은 경험이 아니다. 감성이 없으면 대상은 주어지지 않으며, 이성이 없으면 대상을 인식할 수 없다.

칸트는 인간의 경험이 감성과 이성의 종합이라고 생각한다. "내용이 없는 사고는 공허하고, 개념이 없는 직관은 맹목적이다." 이 유명한 명제처럼 감성과 이성의 기능은 교환

될 수 없다. 이성은 아무것도 직관할 수 없고, 감성은 아무 것도 생각할 수 없다. 그러므로 우리는 양자의 기능과 역할을 혼동하지 않도록 그 경계를 명확하게 구별해야 한다. 그런데 여기서 중요한 것은, 감성으로 촉발된 이성은 경험과 관계없는 특별한 능력이 있다는 점이다.

공을 예로 들어보자. '구球는 둥글다'라는 문장은 우리의 경험과 관계없이 타당한 판단이다. 구의 정의에는 이미 둥글다는 것이 함축되어 있다. 둥글지 않은 것은 구가 아니다. 이처럼 개념에 근거한 판단을 분석적이라고 하는데, 모든 분석적 판단은 경험에 앞서 이루어진다는 점에서 '선험적a priori'이라고 한다. 반면에 흰 공을 보면서 '이 구는 검은색이다'라고 할 경우, 이는 나의 경험적 지식으로 이루어진 것이기 때문에 종합적 판단이라고 한다. 검은 공도 있고, 흰 공도 있다. 경험적 판단은 언제나 '더하기 판단'이다. 따라서 경험에 기반한 모든 판단은 종합적이다. 그렇다면 경험을 하지 않고 오직 사유를 통해 우리의 인식을 확장할 방법은 없을까? 우리는 어떻게 자아와 세계에 관해 선험적으로 종합적인 판단을 내릴 수 있는가? 칸트는 이 물음에 답할 수 있다면, 수학과 자연과학과 구별되는 형이상학의 독자적

인 영역을 구축할 수 있다고 믿었다.

여기서 칸트는 인간의 고유한 능력인 이성을 두 가지 의미로 사용한다. '이성'이 인간의 정신 능력 전체를 가리키는 상위개념이라면, '오성'은 감성을 통해 받아들인 직관을 개념적으로 인식하는 능력이다. 오성이 좁은 의미의 인식 능력이라면, 이성은 감성과 오성을 아우르는 종합적인 능력이다. 그런데 이성의 꿈은 종종 오성의 능력보다 훨씬 더 크다. 이성은 종종 오성이 인식할 수 없는 대상에 대해서도 알 수 있다고 착각한다. 이성은 나의 영혼, 우주, 그리고 신에 관한 확실한 지식을 추구하면서 자신의 능력을 과대평가한다. 이성은 판단할 수 없는 것을 판단할 수 있다고 자신의 능력을 과대평가하는 것이다.

칸트에 의하면 이성은 신·자유·불멸 같은 이념에 동의할 수도 없고 이를 거부할 수도 없다. 인간의 이성은 영혼 불멸과 신의 존재를 증명할 수도 없지만, 그 반대로 영혼과 신이 존재하지 않는다는 사실도 증명할 수 없다. 그렇다면 우리는 증명할 수 있는 것에 관해서만 명료하게 판단하고, 증명할 수 없는 초월적인 것에 대해서는 침묵해야 하는가? 칸트는 증명할 수 있는 것의 한계를 분명하게 설정함으로써 증명할 수 없는 것의 의미를 규명하려고 한다. 우리가 경험하는 모든 것은 제약되어 있어서 통일적이지 않다. 세계의 통일성이 하나하나의 사물을 다 모아놓는다고 해서 이루어지는 것은 아니다. 세계의 통일성은 경험적으로 제약받지 않는 '무제약자'를 전제한다. 문제는 이러한 무제약자를 '생각할' 수는 있지만 '인식할' 수는 없다는 것이다.

이런 이념에는 '자유'가 있다. 세상에서 일어나는 모든 일에는 원인이 있다. 우리가 경험하는 세계는 원인과 결과의 인과법칙에 묶여 있다. 우주 전체가 인과법칙에 따라 움직인다면, 우리 인간은 언젠가 티끌과 먼지가 되어 우주 속으로 다시 사라질 존재에 불과하다. 그렇다면 자유에 기반한 인간의 존엄은 어디에서 오는 것인가? 인과율이 지배하는 세계 너머에 자유의 세계가 존재하는가? 여기서 칸트는 흄을 따라 우리가 경험하는 세계가 인과관계의 세계로 보이는 것은 우리가 세계에 인과법칙을 부여하기 때문이라고 생각한다. '만약' 우리가 우리 자신에게 행위의 기준인 도덕법칙을 스스로 부여한다면, 우리는 인과법칙을 따르는 경험 세계를 넘어설 수 있다는 것이다.

칸트는 우주의 하찮은 미물에 불과한 인간이 인간다울 수 있는 것은 오직 자유를 추구하는 도덕적 능력 때문이라고 말한다. 여기서 이성은 자신에게 도덕적 법칙을 부과하는 자유의 능력으로 이해된다. 우리는 흔히 도덕적으로 행동하라는 말을 많이 듣는다. 그렇지만 우리의 행위가 외부의 강요에 따라 이루어지면, 그것은 자율이 아니라 타율이다. 칸트는 도덕적으로 행동할 수 있는 능력이 모든 인간에게 선천적으로 주어진 것처럼 전제하고 사고의 실험을 한다. 그렇지 않으면 우리는 오직 유용한 것만 추구하는 현실에서 도덕적 선을 실현할 수 없다. 영국 공리주의자들에게 선하다는 것은 목적을 실현하는 데 유용하다는 것이다. 반면 칸트에게는 개인의 동기·상황·유용성을 고려하지 않고서도 선한 행위를 할 수 있는 것이 도덕적 능력이다.

칸트는 이런 도덕적 이성의 법칙을 '정언 명령'이라고 부른다. 그는 다른 어떤 목적 때문이 아니라 그 자체가 목적인 가치가 있다고 생각한다. '거짓말을 하지 말라!'라는 도덕적 명령은 어떤 상황에서도 타당하다. 설령 쫓기고 있는 친구를 숨겨주었는데 살인자가 문 앞에서 와서 그 친구를 찾는 상황에서도 거짓말을 해서는 안 된다. 거짓말을 하면 친구를 구할 수 있지만, 진실을 말해야 할 의무는 결과에 상관없이 유효하다. 이 사례에서 칸트 도덕철학의 과도한 엄격성을 꼬집는다면, 핵심을 비껴가는 것이다. 사람들 대부분이 이 경우 거짓말을 하겠지만, 예외를 지속적으로 인정하면 반드시 지켜야 할 도덕법칙의 절대성은 무너지게 된다는 것이 핵심이다.

우리는 스스로 도덕법칙을 부여할 능력이 있다고 가정한다. 자유도 우리가 도덕적으로 행동하기 위한 가정법이다. 우리의 의지가 실제로 선한지, 우리에게 자유가 있는지, 우리에게 영혼이 있는지는 중요치 않다. 인간다운 삶을 살기 위해 우리는 마치 실제로 도덕적 능력이 있는 것처럼 살아야 한다. 그것이 칸트가 말하는 형이상학적 요청이다. 우리가 설정한 행위의 규칙이 동시에 마치 모든 사람이 동의할 수 있는 보편적 법칙이 되는 것처럼 행동한다면, 인과율이 자연세계의 법칙인 것처럼 자유는 인간 세계의 자연법칙이 될 것이다.

"내 머리 위 별이 총총한 하늘과 내 마음속 도덕법칙." 이것이 경험 세계 너머에 있는 자유의 세계를 꿈꾼 칸트의 형이상학적 이정표다. 자연과학의 발전으로 우주의 미물로 쪼그라든 인간에게 칸트가 '이성'과 '자유'라는 이름으로 새로운 존엄의 토대를 마련할 때, 프랑스에서는 역사적 사건의 기호가 된 자유의 혁명이 일어났다. 인간 이성의 발전은 이렇게 자유의 경험을 통해 새로운 국면을 맞게 된다.

인간의 자기실현:
실천적 휴머니즘

프랑스 대혁명 1789

_구체제 타파

게오르크 빌헬름 프리드리히 헤겔 1770~1831

《정신현상학》 1807

_ '정립─반대 정립─종합'에 의한 시대정신 실현 과정 이론화

찰스 다윈 《종의 기원》 1859

_진화론으로 기존 세계관 전복

카를 마르크스 1818~1883

《자본론》 1867

_자본주의의 모순 비판

프리드리히 니체 1844~1900

《우상의 황혼》 1888

_서구의 형이상학과 기독교 전통 비판

1.
세계정신과 역사 발전의 주체:
헤겔

튀빙겐 신학교의 세 룸메이트인 게오르크 빌헬름 프리드리히 헤겔, 프리드리히 횔덜린, 프리드리히 빌헬름 요제프 셸링이 프랑스 대혁명에 대한 자신들의 헌신을 기념하기 위해 1793년 7월 14일 자유 나무를 심었다는 이야기가 있다. 그들은 혁명의 이름으로 심은 '자유의 나무' 주위에서 프랑스 혁명정부의 상징인 〈라 마르세예즈〉를 불렀다고 한다. 이 이야기는 훗날 헤겔의 전기 작가에 의해 틀림없는 거짓으로 밝혀지지만, 독일 철학에서 중요한 역할을 하게 될 세 인물에게 생기를 불어넣은 '정신'을 매우 적절하게 포착한다. 헤겔과 그 친구들이 실제로 혁명파를 지지하는 매우 급진적인 행위를 했는지는 몰라도, 그들이 혁명에 열광하고 새로운 자유의 이념에 매료된 정신적인 혁명가였음은 분명하다.

자유와 평등의 이념이 실현되는 새로운 세계를 약속한 프랑스 대혁명이 일어났을 때 헤겔은 열아홉이었다. 대혁명은 헤겔에게 일종의 철학적 계시였고, 혁명으로 표현된 자유의 이념을 철학적으로 이해하는 것이 평생의 과제가 되었다. 과연 사회는 혁명적으로 바뀔 수 있을까? 말 위에 위풍당당하게 앉아 예나로 진군하는 나폴레옹을 창가에서 바라보고 있는 헤겔의 모습을 상상해보자. "여기 한 곳을 중심으로 말 위에 앉아 세계를 장악하고 지배하는 사람을 보는 것은 실로 놀라운 느낌이다." 헤겔이 친구에게 보낸 편지에서 묘사한 이 느낌에 공감한다면, 그가 나폴레옹 황제를 '세계영혼'이라 부른 이유를 이해할 수 있을까?

헤겔의 철학과 그 영향을 받은 현대철학은 프랑스 '혁명'과 그 이념인 '자유'를 빼놓고는 설명할 수 없다. 헤겔의 철학은 그 내적 동기에서 철저하게 혁명의 철학이었다. 헤겔의 철학이 아무리 세상과 동떨어진 난해하기 짝이 없는 사상이란 비난을 받더라도, 헤겔이 당대의 역사적 사건에 깊이 영향을 받은 당사자였음은 부인할 수 없다. 그는 프랑스 대혁명이 깊이 각인된 시대의 동시대인이었고, 그 세계에 참여하는 당사자였다.

그런데 역사적으로 볼 때 프랑스 대혁명은 이중적인 성격을 띤다. 자유를 인간 존재의 가장 기본적인 토대로 정립했다는 점에서 이는 세계사적인 사건이었다. 정치적 자유가 인류 역사상 최초로 사회와 국가의 목적으로 천명되는 순간이었으며, 자유는 이제 인간이 인간으로 존재하기 위해 없어서는 안 될 권리가 되었다. 하지만 다른 한편으로 로베스피에르의 혁명정부는 루이 16세를 단두대에서 처형했을 뿐만 아니라 민중의 이름으로 '공포정치'를 실행했다. 그 결과 1만 6,600여 명의 사람들이 형장의 이슬로 사라지고 말았다.

헤겔은 《정신현상학Phänomenologie des Geistes》에서 이런 혁명의 이중성을 "절대적 자유와 공포"로 포착한다. 절대적 자유란 단지 소멸의 공포일 뿐이라는 것이다. 그렇다면 왜 절대적 자유를 추구한 혁명은 긍정적 결과를 가져오지 못하고 부정적 행위에 머문 것일까?

프랑스인들이 사회적 혁명을 실행했다면, 헤겔을 위시한 독일의 철학자들은 '머릿속의 혁명' 즉 정신혁명을 추구했다. 칸트 이후 개인이 스스로 생각하고 결정할 수 있다는 주관적 자유가 일반적으로 받아들여졌지만, 헤겔은 생각하는 '나'와 외부의 '세계'를 이원론적으로 분리하는 한 진정한 자유는 얻을 수 없다는 인식에 도달했다. 우리가 사물에 대해 생각하는 표상이 사물의 실제 존재와 융합할 때에만 우리는 진리에 도달할 수 있다. 우리의 의식은 단순히 추상적인 의식에 머물지 않고, 동시에 객관적 존재가 되어야 한다. 이렇게 나와 세계, 의식과 존재의 통일성을 사유하는 것은 헤겔의 철학적 목적이 되었다. 이러한 철학적 동기는 칸트 이후 피히테, 셸링 등의 철학자를 거치면서 발전된 철학 내부의 문제에서 나온 것이기도 하지만, 자유의 혁명이 공포정치를 초래한 프랑스 대혁명의 현실 문제에 영향을 받았다는 사실을 부인할 수 없다.

나의 정신 vs. 외부 세계의 정신

나폴레옹이 프로이센 군대와 교전하기 위해 1806년 10월 13일 예나에 입성할 당시, 헤겔은 자신의 주저가 될 책의 마

무리 작업을 하고 있었다. 그 책이 이듬해인 1807년 출간된
《정신현상학》이다. 논리학·형이상학·자연철학을 아우르는
'학문의 체계'라는 책의 입문서 역할을 할 이 책은 헤겔 철
학의 방향을 말해주고 있었다. 여기서 헤겔은 나와 세계의
통일성을 규명하기 위해, 칸트가 우리의 인식 능력을 넘어
선다고 보았던 '절대자'를 파악하고자 했다. 그리고 이 절대
자에 대해, 우리는 경험할 수는 없어도 논리적으로 생각해
볼 수는 있다.

우리는 세계를 있는 그대로 인식할 수 없다. 우리가 아는
모든 것은 우리의 의식을 통해 일어난다. 그렇다면 우리의
의식과 외부의 객관적 세계를 통일하는 무언가가 있을 수
있지 않을까? 헤겔은 그것을 '정신'이라 부른다. 의식과 존
재, 나와 세계, 자유의 이념과 자유가 실현된 세계를 통일하
려면 우리의 의식이 외부 세계와 단순히 대립하고 있어서
는 안 된다. 우리의 의식 밖에는 어떤 진리도 존재하지 않는
다. 그러므로 진정한 진리는 의식과 그것에 대립하는 세계
의 통일성이다.

헤겔은 이러한 통일성을 하나의 역동적인 과정으로 보았
다. 자연의 과정이 그런 것처럼 우리의 정신은 끊임없는 작

업을 통해 실현된다. 참나무가 될 가능성을 가진 도토리는 아직 참나무가 아니다. 참나무가 되려면 우선 자기가 썩어가면서 싹을 틔워야 한다. 싹은 자라서 줄기가 되고, 자란 나무는 도토리 열매를 맺는다. 도토리가 부정되어야 싹이 나오고, 싹을 부정해야 줄기가 된다. 도토리를 아직 실현되지 않은 의식이라고 보면, 의식의 발전 과정이 쉽게 이해된다. 우리의 의식 속에 자유의 이념을 갖고 있다고 해서, 그것이 실현된 자유를 의미하진 않는다. 자유가 실현되려면 특정한 부정의 작업이 잇따라야 한다.

헤겔은 이를 설명하기 위해 '주인과 노예의 변증법'이라는 멋진 비유를 한다. 주인은 노예에게 일하도록 강요하지만, 그렇게 함으로써 동시에 노예의 작업에 의존한다. 노예는 사물들을 만들어내는 작업을 하면서 자신의 창조하는 힘을 의식하게 된다. 그는 노예로 존재하지만 동시에 창조자로서 자신의 자유를 의식하는 것이다. 우리의 정신이 세계 속에서 활동하는 모습은 노예의 삶에 비유될 수 있다. 우리는 노예처럼 의식과 세계를 끊임없이 대립시키면서 작업해야 한다. 열심히 일하는데도 자신이 원하는 삶을 얻을 수 없는 것처럼, 이러한 일에는 수많은 갈등과 모순이 발생한다. 이 과정에서 우리는 스스로를 우리 자신의 세계를 만드는 주체로 경험한다.

칸트나 다른 철학자들과는 달리 헤겔은 우리 정신이 단순한 의식 이상이라고 여긴다. 우리 의식이 이성적으로 인식하는 것은 현실이고 실재다. 여기서 헤겔 철학을 가장 난해하게 만드는 낱말은 '정신'이다. 헤겔이 말하는 정신은 단지 나의 '주관적 정신'만이 아니다. 정신은 나를 둘러싸고 있는 외부의 모든 세계도 포괄한다. 헤겔은 이렇게 외부에 실현된 정신을 '객관적 정신'이라고 부른다. 우리는 외부 세계 속에서 자신을 실현하려 하지만 항상 뜻대로 되는 것은 아니다.

자신을 실현하려고 외부 세계로 나가는 순간, 주관적 정신은 순수한 자신으로부터 소외된다. 세상의 때를 탄다는 속된 말처럼, 정신이 외부 세계에 의해 오염된다고도 볼 수 있다. 주관적 정신과 객관적 정신 사이에는 모순이 발생한다. 이 모순을 극복할 때 정신은 비로소 온전히 자기 자신을 실현할 수 있는 것이다. 프랑스 대혁명이 초래한 '절대적 자유의 공포정치'는 자유가 실현되는 과정에서 나타날 수밖에 없는 모순이다. 이 모순을 극복할 때 자유는 온전히 실현되고, 주관 정신과 객관 정신은 서로 화해하고 더욱 발전된 통일성을 이룬다.

정신은 이렇게 몇 단계 과정을 거쳐 자기 자신을 실현하는데, 이 과정이 바로 '역사'다. 만약 정신이 구체적 현실 속에서 실현된 형태를 '문화'라고 한다면, 의식의 역사는 바로 문화의 역사다. 문화의 역사에서 의식과 실재는 분리되지 않는다. 그렇다면 프랑스 대혁명은 자유와 관련하여 어떤 문화적 의미가 있는 것일까? 우리는 어떤 사회를 추구하고, 어떤 삶을 살아야 하는가?

다른 사람이 인정해주어야 자기실현이 가능하다

헤겔은 1820년 발표한 《법철학 강요Grundlinien der Philosophie des Rechts》에서 이 물음에 대한 대답을 시도한다. 《정신현상학》이 의식의 관점에서 우리의 정신이 발전하는 과정을 다뤘다면, 《법철학 강요》는 구체적 현실 속에서 객관 정신이 발전하는 과정을 체계적으로 규명한다. 여기서 자유의지에 기반한 '도덕'과 프랑스 대혁명을 통해 그 의미가 더욱 강화된 '국가'의 문제가 종합적으로 다루어진다.

이전의 철학자들에게서는 서로 연결되지 않은 문제들인

'도덕' '법' 그리고 '국가'는 이제 정신이 발전하는 단계로 설정된다. 도덕은 인간이 스스로 만들어내는 내면적 문제라면, 법은 모든 사람에게 자유를 보장하기 위해 개인의 자유를 제한하는 국가의 질서다. 여기서도 정신은 우선 주관적 정신으로 등장한다. 개인의 도덕은 옳고 그름을 주관적으로 판단한다. 정신은 이러한 도덕의식에 영향을 주지만, 이를 통해 완전히 실현되지는 않는다. 개인이 자신의 도덕적 의지를 관철하려면 외부 세계로 나가 다른 의지에 영향을 줘야 한다. 여기서 객관적 정신이 등장한다. 인간에 의해 만들어진 세계가 나의 바깥에 존재한다. 주관적 정신으로서의 도덕이 '정립'이라면, 법은 객관적 정신으로서 도덕에 대립하는 '반대 정립'이다. 이제 정립과 반대 정립이 높은 수준에서 '종합'될 때 절대정신이 실현된다. 이 과정에서 국가는 어떤 역할을 담당하는가?

헤겔의 출발점은 칸트와 다른 관념론 철학자들과 마찬가지로 '자유의지'다. 이는 곧 의지란 우리의 감정과 경향의 영향을 받지 않을 때 자유롭다는 생각에서 나온 개념이다. 그런데 우리 내면에는 자존감과 자기실현을 원하는 경향이 있을 수 있지 않은가? 이러한 사실을 확인하려면 우리에겐 다른 사람들의 존재가 필요하다. 자기실현에 필요한 것은 다른 사람의 '인정'이다. 하지만 내가 인정하지 않는 사람의 인정은 내게 가치가 없다. 그러므로 나의 의지가 바라는 것은 다른 사람을 통한 자기인정이다. 이것이 다른 철학자들과 구별되는 헤겔의 매우 독창적인 생각이다. 다른 사람을 통한 자기실현의 경향이 우리를 자유롭게 한다는 것. 따라서 우리의 삶은 자유를 위한 '인정 투쟁'이 된다.

계몽주의 이래 인간은 스스로 자유의지의 주체로서 양도할 수 없는 권리를 갖고 있다고 생각했다. 인간이 천부적으로 갖고 있다고 여겨지는 자유권과 소유권은 다른 사람의 인정을 받지 못하면 단지 추상적인 권리일 뿐이다. 권리를 갖고 있다는 것과 그것을 윤리적으로 사용한다는 것은 별개의 문제다. 권리는 항상 구체적인 사회적 맥락 속에서 실현된다. 우리는 항상 구체적인 사회 현실 속에서 옳고 그름을 판단하며, 나에게 이익이 되는 것을 실현하려고 한다. 사회적 맥락이 없다면 어떤 도덕도 어떤 권리도 존재하지 않는다. 이렇게 구체적인 현실 속에서 실현된 도덕을 헤겔은 '인륜'이라 부른다.

인륜은 통상 개인이 지켜야 할 도리를 의미하지만, 헤겔의 인륜은 우리가 속해 있는 공동체의 '제도'를 가리킨다. 서양 철학에서 윤리라는 개념의 어원인 고대 그리스어 '에토스ethos'가 본래 '습속' 또는 '익숙한 장소'를 의미하는 것처럼, 헤겔의 인륜은 우리가 속한 정치적 공동체의 도덕적 성격을 뜻한다. 자유의지를 가진 개인이 아무리 도덕적이라 하더라도 이를 실현해야 하는 사회가 도덕적이지 않다면, 우리는 바람직한 사회를 실현할 수 없다. 개인의 내면적 도덕과 외면적인 추상적 법이 결합해야 하는 것이다. 헤겔은 사회제도들이 개인의 도덕적 동기로부터 분리된 외면적인 법의 체계라고 보지 않는다. 인간은 오직 다른 사람의 인정을 통해 실현되는 자유의지를 갖고 있으며, 이러한 자기실현은 항상 사회적 영역에서 일어나기 때문이다. 사회제도는 개인과 사회를 통합하여 자유의 이념을 실현할 때 비로소 인륜의 살아 있는 제도가 된다.

국가는 상호 인정과 경쟁의 통합

인륜의 첫 번째 제도는 '가족'이다. 가족은 개인의 일반적 욕구들이 충족되는 장소로서, 사랑과 친밀성의 공간이다. 우리는 누구나 자기 자신을 의식하기 이전에 가족의 성원으로 태어나고 성장한다. 가족은 가장 자연스러운 형식의 인류가 실현되는 곳이다. 개인의 자유의지가 여기서는 상호 인정을 확인한다. 결혼은 칸트가 말한 것처럼 두 개인의 계약으로 이뤄지지 않는다. 결혼과 가족은 자연적인 인류인 사랑의 산물이다. 물론 이런 가족은 국가에 의해 승인되고 보호될 때 비로소 객관적인 제도가 된다. 헤겔이 인류의 모델로 삼고 있는 가족은 남녀의 역할 분담이 정해진 18세기의 고전적인 소가족이다. 소득과 재산을 포함하여 가족이 일군 모든 것은 가족 안에 남아 있어야 한다.

그러나 가족이라는 제도의 안정과 온전함은 시민사회의 등장과 함께 동요한다. 변증법적 용어로 표현하면, 가족이 정립이라면 시민사회는 반대 정립이다. 자녀들이 성인이 되어 결혼하여 다른 가족을 형성하면, 가족은 분화한다. 가족은 이렇게 다른 가족들과 더불어 살 수밖에 없다. 18세기에 등장한 '시민사회civil society' 개념은 처음부터 경쟁과 이기주의의 전쟁터로 인식됐다. 성인 남자는 가족이라는 친밀한 영역을 떠나 냉철한 사회적 관계로 들어선다. 그곳은 사랑과 배려가 있는 곳이 아니며 '이기심'과 '경쟁'이 지배하는 곳이다. 모든 사람은 이곳에서 자신의 물질적 욕구를 이기적으로 추구한다. 그렇다면 어떻게 비인간적이기까지 한 경쟁이 인류를 실현하는가? 헤겔은 개인의 이기심이 모든 사람의 욕구를 충족시키는 데 기여할 뿐만 아니라 모든 사람의 상호의존이 결국은 공동체의 도덕에 도움이 된다고 생각한다. 개인이 아니라 공동체의 제도가 인류를 실현한다는 인식이 '시민사회'에 새로운 역할을 부여한다.

과연 가족의 자연스러운 사랑이 사회제도를 통해 높은 수준에서 실현될 수 있을까? 헤겔은 '국가' 개념을 통해 그 해답의 실마리를 제공한다. 헤겔의 '국가'는 서로를 배려하는 상호 인정과 사회의 경쟁을 통합하는 제도를 말한다. 권력과 강제의 기관인 국가가 개인의 자유를 보장하는 인류적 공동체가 되어야 한다는 것이다. 헤겔이 살았던 혁명의 시대에 유럽에는 거대한 두 흐름이 있었다. 제국을 형성한 영국에는 훗날 마르크스의 모델이 되었던 냉혹한 자본주의가 발전하고 있었지만, 헤겔의 나라 프로이센은 여전히 신분제에 기반한 왕권 국가였다. 이런 상황에서 헤겔이 "국가는 인류적 이념의 현실이다"라고 말한다면, 그것은 정치적 현상을 정당화하는 보수주의자의 말로 인식될 수 있었다. 그가 프로이센의 국가 철학자로 오해받았다는 사실은 우연이 아니다. 그러나 그의 철학은 오히려 영국의 시민사회를 바탕으로 실현될 수 있는 국가를 지향했다. 국가는 어쩔 수 없이 모든 사람의 자유를 제한하지만 동시에 이러한 제한을 통해 자유의 이념을 실현하는 공동체여야만 했다.

국가는 이렇게 가족과 시민사회를 통합한다. "인류는 살아 있는 선으로서 자유의 이념이다." 이 말은 매우 추상적으로 들리기도 한다. 그러나 자유의 이념은 제도를 통해 그것을 실현하려고 노력할 때에만 살아 있다는 헤겔의 인식은 여전히 타당하다. 그러나 오늘날 우리에게 헤겔의 절대정신은 의심스러울 수 있다. 우리가 속해 있는 사회제도들이 불공정해 보이더라도 자유의 절대정신은 이러한 제도를 통해 궁극적으로 실현된다는 것 말이다. 나폴레옹 같은 역사적 인물이 설령 자신의 욕구와 동기를 좇을지언정 결국은 절대정신의 수단에 불과하다는 '이성의 간계'는 더욱 의심스럽다.

헤겔 철학의 전제조건이 되는 '전체가 진리다' '이성이 지배한다' '역사는 진보한다' 같은 말들은 오늘날 신뢰를 잃었다. 세계는 이성적이긴커녕 온통 비합리적인 것처럼 보인다. 그렇지만 개인과 사회를 통합하지 않고서는 도덕적 공동체를 이룰 수 없다는 인식은 지금도 타당하며, 자유의 이

넘은 오직 상호 인정을 통해 실현된다는 사상은 우리의 길 잡이가 된다. 우리는 어떻게 이런 제도를 구체적으로 만들 수 있는가? 헤겔이 세상을 떠난 뒤 이 물음은 마르크스 사상의 출발점이 된다.

2.
사회혁명과 인간해방:
마르크스

1860년 12월 유난히 스산한 어느 날 수염으로 얼굴을 가린한 남자가 대영박물관 도서실에서 책 읽기에 침잠해 있다. 유령의 몰골을 한 이 남자가 읽고 있던 것은 '자연 선택'에 관한 찰스 다윈의 책이었다. 그는 다윈이 관찰한 동물과 식물의 세계에서 분업과 경쟁을 무기로 새로운 시장을 개척하는 영국 사회를 발견하고는, 동료에게 편지를 보낸다. 다윈의 책에 "우리의 견해를 뒷받침할 자연사적 토대"가 들어 있다고. 그는 "하나의 유령이 유럽을 떠돌고 있다. 공산주의라는 유령이"라는 유명한 말을 남긴 카를 마르크스였고, 그가 편지를 보낸 사람을 프리드리히 엥겔스였다.

마르크스는 왜 다윈의 진화론에 흥미를 느낀 걸까? 다윈의 혁명적인 진화론은 사실 당시의 시대정신을 반영하고 있었다. 경제적으로 부흥하던 빅토리아 시대 사람들은 역사가 진보한다는 사실을 당연한 것으로 받아들였고, 식민지 시대의 자본주의와 제국주의는 자연법칙처럼 여겨졌다. 생존 경쟁이 지배하는 영국 사회에서 영감을 얻은 진화론은 자연에서 얻은 적자생존의 논리를 사회에 적용했다. 같은 시기에 런던에서 살았던 마르크스와 다윈이 만날 기회는 없었지만, 둘은 모두 같은 시대정신을 마시고 있었다.

다윈이 그린 자연 세계는 홉스의 만인에 대한 만인의 투쟁과 닮아 있다. 마르크스는 이렇게 말한다. "그것은 시민사회를 정신적인 동물 왕국으로 묘사한 헤겔의 정신현상학을 연상시킨다. 그런데 다윈에게서 동물 왕국은 시민사회로 나타난다." 자연에서 일어나는 일은 자본주의 사회에서 일어나는 일과 별반 다르지 않다. 《인구론》의 저자인 영국의 경제학자 토머스 맬서스가 말한 '생존 투쟁'이 자연 세계에서는 종의 다양성을 가져오고, 안정적인 생태계를 만들었다.

다윈의 진화론은 단순한 과학 이론이 아니었다. 그것은

당시의 세계관을 근본적으로 뒤흔든 사건이었다. 지구상 모든 생물은 생활환경에 적응하면서 단순한 것에서 복잡한 것으로 발전해간다는 사상은 신의 존재를 의심스럽게 만들었다. 자연에는 생존을 위한 극심한 투쟁이 있으며, 자연은 생존에 유리한 변이를 선택하여 생명체의 생존을 결정한다는 '자연 선택'과 '적자생존' 사상은 신을 완전히 제거했다. 신은 존재하지 않는다. 비물질적인 영혼도 없다. 자유의지도 존재하지 않는다.

다윈이 자연을 관찰했다면, 마르크스는 사회를 해부했다. 오늘날 마르크스를 허황한 공산주의를 만들어낸 유토피아 몽상가로 치부하는 사람들도 있지만, 마르크스는 자신의 이론이 '과학적 사회주의'라고 주장한다. 그는 자본주의 사회의 경제적 법칙을 해부하여 진정한 인간해방과 사회혁명의 목표 및 조건을 분명히 밝히고자 했다. 물론 현실을 바라보는 그의 눈은 헤겔 철학으로 연마되었다. 헤겔을 포함한 기존의 철학이 세계를 해석하는 데 만족했다면, 마르크스의 새로운 철학은 세계를 변혁하는 데 초점을 맞추었다. 그는 혁명이라는 실천적 목적을 위해 헤겔 철학을 뒤집어놓은 것이다.

마르크스를 제외하고서 20세기를 논할 수는 없을 것이다. 그만큼 그는 역사적으로 또 사회적으로 가장 큰 영향력을 미친 사상가였다. 1818년 5월 5일 프로이센 라인 지방의 트리어에서 태어난 마르크스는 아버지의 강권으로 법학을 공부했지만, 기본적으로 철학에 관심이 많았다. "철학 없이는 아무것도 성취할 수 없다"는 확신을 가진 마르크스는, 헤겔 사후 유물론자 루트비히 포이어바흐를 중심으로 한 '청년 헤겔파'에 들어가면서 헤겔 철학을 접하게 되었다. 역사를 '자유 의식의 진보'로 파악한 헤겔 사상은 마르크스를 통해 역사적 유물론으로 전환된다. 역사는 이제 사회적 모순을 실제로 해결함으로써 인간해방을 실현하는 변증법적 과정이 되었다.

마르크스는 혁명의 철학자였다. 그는 사회적 여건을 변화시킬 때에만 인간해방을 실현할 수 있다고 확신했다. 그의 관심은 현실 세계에서 드러나는 사회적 모순에 집중되었다. 1842년 쾰른으로 옮겨 간 그는 급진 성향의 〈라인 신문〉에서 활동하며 혁명의 방향을 설정하기 위한 사회주의 이념에 대한 비평, 그리고 현실 사회에 대한 분석을 주로 했다.

혁명이 독일에까지 번지기를 기대하던 중 1848년에는 〈신新라인 신문〉을 창간하여 혁명 정신을 고취하는 한편, 실제로 봉건 군주제와 귀족제를 전복하는 사회혁명을 추구하기도 했다. 그러나 혁명이 좌절되면서 결국 그는 영원한 망명길에 올랐는데, 다만 언론인으로서의 활동은 파리, 브뤼셀, 런던 망명 시기까지 이어졌다.

런던에서 마르크스는 1852년부터 1862년까지 〈뉴욕 데일리 트리뷴〉 유럽 특파원으로 활동하며 이 기회를 현실 문제를 분석하고 해석하는 데 활용했다. 1848년 이전의 마르크스가 혁명의 목표를 이념적으로 정립하는 데 몰두했다면, 1848년 이후의 마르크스는 '실패한 혁명가'로서 자본주의 사회를 분석적으로 해부하는 데 전념했던 것이다.

19세기의 마르크스가 관찰한 사람들은 노동하는 인간이었다. 자유의 이념을 갖고 이를 실현하기 위해 활동하는 헤겔의 인간은 그에게 현실이 아니었다. 생존을 위해 투쟁하는 사람들의 모습이 현실이었다. 이런 현실을 경험하면서 마르크스는 유물론적 인식에 도달한다. "자신의 존재를 규정하는 것은 인간의 의식이 아니다. 자신의 의식을 규정하는 것은 거꾸로 인간의 사회적 존재다." 마르크스가 《정치

경제학 비판 요강Grundrisse der Kritik der politischen Ökonomie》
서론에서 요약한 이 명제는 사회를 해부하는 그의 모든 글
을 관통한다. 인간은 생활 수단을 생산하고 그것을 다른 사
람들과 교환하는 사회적 존재다. 그러므로 생산의 방식은
사람들이 살아가는 일정한 생활양식이다. "사람들은 자신
의 삶을 표현하는 방식대로 존재한다. 그러므로 그들이 어
떻게 존재하는가는 그들의 생산, 즉 '무엇'을 생산하는가 그
리고 '어떻게' 생산하는가와 일치한다."

자기를 소외시키는 노동

마르크스에게 인간은 근본적으로 생활 수단을 생산하는 노
동자다. 그런데 노동자의 노동이 자기실현에 도움이 되는
생산 양식이 있고, 자기실현을 가로막는 생산 양식이 있다.
혁명을 통해 실현해야 할 공산주의 사회가 노동을 통한 자
기실현의 사회라면, 자본주의 사회에 이르기까지의 모든 사
회는 노동이 소외된 사회다. 노동의 소외는 자본주의 사회
에서 정점에 이른다. 노동의 생산물이 노동자에게 낯선 존
재가 되는 것을 '소외'라 한다면, 자본주의 사회에서는 노동
자 자체가 '상품'이 된다. 마르크스의 휴머니즘이 가장 잘

표현된 1844년의 《경제학·철학 초고》에서는 노동자의 소외를 다음과 같이 매우 명료하게 서술한다.

노동자가 더 많은 가치를 창조하면 창조할수록 그는 더욱더 무가치해지고 더욱더 품위가 떨어진다. 그의 생산물이 정형화되면 될수록 노동자는 더욱더 기형화된다. 노동의 대상이 문명화되면 문명화될수록, 노동자는 더욱더 야만화된다. 노동이 더 많은 권력을 가지면 가질수록, 노동자는 더욱더 무력해진다.

노동의 소외는 근본적으로 인간의 자기소외다. 다시 말해서 노동이 소외되면 인간이 인간성에서 멀어진다는 얘기다. 그렇다면 인간은 어떻게 자신의 노동을 소외시키는가?

개개의 인간은 모두 자신의 생활 수단을 생산한다. 하지만 그 노동은 그 밖의 모든 인간과도 관계가 있다. 인간은 개별적 존재이지만 동시에 인간성을 공유하는 유類적 존재이기 때문이다. 자신의 노동이 모든 사람에게 이익이 되지 않는다면, 우리는 본래의 인간성을 실현할 수 없다. 그러므로 인간성을 실현하려면 노동을 소외시키는 사회적 관계를 혁명적으로 바꿔야 한다. 문제는 사회적 관계의 계급적 구조에 있다.

마르크스가 런던에서 15년 동안 자본주의 생산과정을 분석하고 해부한 내용은 1867년 가을 《자본론Das Kapital》 출간으로 그 결실을 맺었다. '자본'이 시민사회의 지배적인 힘이라는 점에서, 마르크스를 대변하는 미완의 주저가 '자본론'이라는 제목을 달고 있는 것은 당연해 보인다. 자본은 한편으로 역사 발전을 위해 노동 생산성을 높이고자 하는 과제를 안고 있지만, 다른 한편으로 노동자가 역사 발전의 주체가 되지 못하도록 방해한다. 자본주의 경제는 모든 것을, 즉 생산품만이 아니라 생산자인 노동자까지도 시장에서 상품으로 만들어버린다. 오늘날 모든 노동자는 임금과 연봉으로 평가받는 상품이다.

생산수단을 소유하고 있는 자본가는 노동자에게 노동의 대가를 임금으로 보상한다. 그렇지만 임금은 노동자가 실제로 생산한 가치의 전부가 아니다. 노동자가 계속 자신을 상품으로 팔 수 있을 정도 수준만 지급되고, 나머지는 '잉여가치'로 자본가에게 귀속된다. 자본주의 경제체제는 바로 이 잉여가치에 토대를 두고 있다. 잉여가치는 사회적 불평등의 원천이다. 자신의 노동으로 돈을 벌지 않고 돈으로 돈을 버는 자본가는 궁극적으로 노동자가 생산한 가치를 착취하는 것이기 때문이다.

이러한 논리는 계속된다. 세계화로 시장에서의 경쟁이 심해질수록 자본가는 더 많이 투자하기 위해 자신의 잉여가치를 증대해야 한다. 그럴수록 노동자의 임금은 줄어든다. 동시에 자본가는 비용을 줄이고자 기계를 도입하고 생산과정을 자동화한다. 자동화 때문에 일자리를 빼앗긴 노동자들은 시장에서 다른 노동자들과 경쟁하게 되고, 과도한 경쟁은 결국 그들의 가치를 더욱더 떨어뜨린다. 자동화는 이렇게 임금을 하락시키며, 실업자의 증대와 구매력의 감소로 이어진다. 자본과 생산수단의 집중이 정점에 이르면 빈곤한 노동자 계층이 확산하여 결국은 상품을 팔 수 있는 시장이 붕괴한다. 이것이 바로 혁명의 시간이다.

마르크스의 꿈

이제까지의 모든 역사가 계급투쟁의 역사였다면, 계급투쟁이 극단화되어야만 계급이 소멸할 수 있다는 것. 여기서 마르크스의 사회이론은 역사철학이 된다. 자본주의가 자기모순으로 몰락하고 공산주의 사회가 도래할 것이라는 마르크스의 전망은 유토피아적 꿈으로 남아 있다. 그렇지만 마르크스가 예리하게 분석한 자본주의의 문제점은 여전히 그대로다. 부와 권력이 소수의 손에 집중되는 한 수많은 사람이 쓸모없는 잉여 존재가 되고, 계급투쟁은 계속될 것이다.

마르크스의 정신에서 자본주의 문제점을 분석한 토마 피케티가 《21세기의 자본》을 1789년 프랑스 대혁명 당시 인간과 시민의 권리에 관한 선언으로 시작한 것은 인상적이다. "사회적 차별은 오직 공익에 바탕을 둘 때만 가능하다." 인간해방을 실현하는 것은 개인이 아니라 '우리'다. 마르크스는 이렇게 우리가 공동으로 이룩할 수 있는 자유 사회를 꿈꾼다. 생존 경쟁이 지배하는 동물의 왕국 너머에 존재하는 진정한 자유의 왕국은 어떻게 가능한가? 자유를 공동으로 실현하기 위해 우리는 어떻게 살아야 하는가?

이 물음이 여전히 타당하게 느껴지는 사람이라면, 마르크스의 문제를 해결하지 않고서는 미래가 없다 여길 것이다. 하지만 이런 과제가 너무 무겁게 느껴지는 사람은 '사회'에서 다시 우리 '내면'으로 눈을 돌려, 실존의 의미를 찾으려 할지도 모르겠다. 마르크스인가 아니면 니체인가?

3.
허무주의와 자유정신:
니체

마르크스가 《자본론》 집필에 열중하고 있을 무렵인 1870년 8월 어느 날, 프랑스와 프로이센 전쟁의 전선으로 달려가는 기차 안에는 한 위생병이 생각에 잠겨 있었다. 전쟁의 참혹한 광경을 경험했음에도 그의 얼굴에는 어떤 희망에 이끌린 듯 묘한 우수가 깃들어 있었다. 1869년 스물넷의 나이에 바젤대학교 고전문헌학 교수가 된 프리드리히 니체의 한 시절 모습이다.

학위 없이 교수가 된다는 건 당시에도 전례 없는 일이었다. 그만큼 일찍이 천재성을 인정받은 니체는 훗날 전쟁의 경험을 이렇게 기억한다. "나는 고독한 밤에 부상병들과 함께 화차에 누운 채 그들을 돌보는 일을 하면서, 나의 사상을 가지고 비극의 세 가지 심연들 안에 있었던 것이 기억납니다. 그것들의 이름은 '광기, 의지, 비통'입니다."

지금까지는 거짓이 진리였다

수많은 사람이 헛되이 죽어 나가는 전쟁의 무시무시한 상황에서 니체가 몰두한 철학적 주제는 인간의 비극적 실존이었다. 광기와 의지와 고통의 분위기는 '광기의 철학자'로 불리는 니체의 삶과 사상 전체에 깔려 있다. 니체는 1889년 1월 토리노에서 광기로 쓰러지기 전에 일종의 철학적 전기와 같은 책《이 사람을 보라Ecce Homo》를 썼다. 그는 이 책에서 자신의 삶과 사상을 잇는 문제를 매우 인상적으로 서술한다.

나는 내 운명을 안다. 언젠가는 내 이름에 어떤 엄청난 것에 대한 회상이 접목될 것이다. 지상에서의 전대미문의 위기에 대한, 더없이 깊은 양심의 충돌에 대한, 지금까지 믿어왔고 요구되었으며 신성시되었던 모든 것에 대한 거역을 불러일으키는 결단에 관한 회상이 결부될 것이다. 나는 인간이 아니다. 나는 다이너마이트다.

자신을 서양 문명을 폭파할 다이너마이트라고 부르는 니체, 이 사람은 도대체 누구인가? 이제까지 진리로 여겨지던 모든 이념, 관습, 규범과 가치를 전복하려는 그의 철학적 의도는 어디에서 나온 것인가? 니체는 이렇게 주장한다. "나의 진리는 끔찍한 것이다. 왜냐하면 지금까지는 거짓이 진리라 불렸기 때문이다. 모든 가치의 전도. 이것이 내 안에서 살이 되고 천재가 되어 있는 인류 최고의 자기 성찰에 대한 나의 정식이다." 이제까지의 진리를 거짓이라고 폭로하면서 자신이 최초로 진리를 발견했다고 주장하는 니체의 사상이 미친 짓으로 무시되기는커녕 20세기에 철학뿐만 아니라 문학과 예술 등 문화의 모든 분야에 엄청난 영향을 끼친 것은 무엇 때문일까?

니체는 서양 형이상학을 주도한 플라톤주의를 뒤집으려한 사상가로 널리 알려져 있다. 그런데 이성의 지배를 전제로 한 서양 형이상학이 결국 허무주의를 초래했다고 보는 그의 인식은(뒤에서 다루겠지만 '신은 죽었다'라는 명제로 표현되는 허무주의는 어떤 절대적 가치도 존재하지 않는다는 사실의 경험이다), 두 인물과의 만남에서 큰 영향을 받았다. 1865년 그는 라이프치히의 한 고서점에서 쇼펜하우어의《의지와 표상으로서의 세계》를 발견하고 이 책을 읽으며 도취와 열광을 경험하게 된다. 이성의 세계가 진정한 세계가 아니라 그 배후에 강력한 의지가 있다는 인식은 그에게 너무나 새롭고 충격적이었다. 의지가 세계를 움직이는 생명의 힘이라면, 우리는 고통을 야기하는 의지를 멀리하는 대신 의지를 적극적으로 포용해야 할 터다.

한편 그 무렵 니체는 라이프치히에서 리하르트 바그너를 알게 되는데, 1860년대에 바그너가 그에게 끼친 영향은 상당했다. 그들은 둘 다 쇼펜하우어 철학의 팬이라는 공통점을 갖고 있었고, 무의식적이고 신화적인 것을 추구했으며, 예술을 통한 새로운 시대의 출현을 꿈꿨다. 니체는 모순으로 가득한 세계가 오직 예술을 통해 심미적으로만 정당화될 수 있다고 여겼다. 철학이 예술로서 등장하는 순간이었다. 1872년 출간된 《비극의 탄생Die Geburt der Tragödie aus dem Geiste der Musik》은 문헌학자로서 니체의 삶에 종지부를 찍었다. 하지만 소크라테스와 함께 서양 문명이 퇴락의 길을 걷게 되었다는 그의 주장에 경악한 것은 문헌학자들만이 아니었다. 철학계도 니체를 받아들일 수 없었다. 니체의 새로운 철학이 탄생하는 순간이었다.

니체는 서양 문명의 타락이 소크라테스와 함께 시작했다고 주장한다. 이성만을 중시하는 소크라테스는 신화의 힘을 파괴하고, 우리를 도취시키는 음악의 자리에 무미건조한 언어를 세워놓았다는 것이다. 서양 철학자들이 문명의 위대한 성취로 미화한 합리주의가 실제로는 생명의 진정한 힘을 은폐하는 기만이었다. 생명과 필연적으로 결합된 '광기, 의지, 비통'은 경시되거나 억압된 반면, 이성 중심의 문화만이 칭송받았다.

니체는 열정과 도취로 표현되는 생명의 힘을 '디오니소스적인 것'으로 명명하고, 합리적 형식과 형태를 만들어내는 힘을 '아폴론적인 것'이라 부른다. 쇼펜하우어의 영향을 받은 니체는 디오니소스적인 것에서 생명의 근원적인 힘인 의지를 발견한다. 반면 소크라테스가 미화한 이성은 형이상학과 합리주의라는 이름 아래 이 생명의 의지를 억압하는 것으로 간주한다. 물론 니체는 디오니소스적인 도취로 표현되는 충동과 의지가 파괴적인 힘을 함축하고 있다는 점을 숨기지 않는다. 이 점에서 그는 전쟁을 만물의 아버지로 인식한 헤라클레이토스의 전통을 따른다.

니체는 왜 이성 중심적인 서양의 형이상학을 부정하고 비이성적인 힘으로 돌아가려 한 것일까? 니체가 1873년부터 1876년까지 네 번에 걸쳐 발표한《반시대적 고찰Unzeitgemässe Betrachtungen》은 이 물음에 대한 단서를 제공한다. 니체의 시대 진단을 관통하는 인식은 '삶'이다. 삶이 일반적으로 위험에 빠져 있다는 의식은 니체에게 개인적일 뿐만 아니라 시대적인 특성이다. 사회에는 삶에 도움을 주는 흐름이 있는가 하면, 삶을 위협하거나 파괴하는 경향도 있다. 삶에 적대적인 시대정신에 저항하는 것이 앞으로 도래할 미래의 시대를 위한 일이다.

이런 시대의 문제는 특히 두 번째 반시대적 고찰《삶에 대한 역사의 공과》에서 분명하게 드러난다. 니체가 일종의 병으로 진단한 시대정신은 과도한 역사의식이었다. 기억하는 존재인 우리 인간은 과거를 해석함으로써 미래를 계획한다. 이러한 역사의식을 통해 우리는 자신을 이해하고 자신의 정체성을 형성한다. 인간은 자신의 목적을 위해 현재 활동하는 자로서 징표를 남기고, 과거를 보존하고 숭배하는 자로서 기억의 궁전을 짓고, 이러한 기억으로부터 해방되어 새로운 미래를 만들려고 과거를 비판한다. 삶은 역사를 필요로 한다.

그런데 과도한 역사의식은 삶을 파괴한다. 과거의 기억에 갇힌 사람은 미래를 보지 못하고 결국 역사를 만들지 못한다. 삶에 활기를 불어넣지 않는 역사는 파괴적이다. 역사는 오직 삶의 목적을 위해 일해야 한다. 니체는 소크라테스가 이성과 말을 중시한 이후 플라톤을 거쳐 현재에 이르기까지 형이상학과 기독교의 역사가 삶의 숨통을 옥죄고 있다고 파악했다. 헤겔과 마르크스의 역사철학도 이성의 발전에만 집착하여 이성에 의해 억압된 삶의 충동은 보지 못했다. 우리 인간은 사유만으로는 자신을 경험하지 못한다. 우리는 자신의 고유한 삶을 살 때 비로소 자신을 경험한다. "나는 생각한다, 고로 나는 존재한다"라는 데카르트의 말에 니체는 이렇게 응수하는 듯하다. '나는 산다, 고로 나는 생각한다.'

니체는 '삶'과 '생명'을 철학적 사유의 중심에 놓는다. 이런 의미에서 그는 20세기에 유행한 생명철학의 효시라 할 수 있다. 그런데 삶에 아무런 목적이 없다면, 어떻게 삶의 목적을 위해 살 수 있겠는가? 우리가 진정으로 자신의 삶을 살려면, 우리는 과거의 족쇄에서 벗어나야 한다. 지금 미래를 위해 행동하려면, 우리는 과거를 잊어야 한다. "모든 행위에는 망각이 내재한다. 모든 유기체의 생명에는 빛뿐만 아니라 어두움도 속한다." 니체는 망각의 의미를 강조한 최초의 철학자다. 기억이 이성의 산물이라면, 망각은 본능적이다. 니체는 이성이 배제하고 억압한 삶의 충동, 정념, 의지에 주목한다.

형이상학과 기독교가 초래한 허무주의

니체는 서양의 과도한 역사의식의 병폐를 지적하면서도 삶의 관점에서 서양의 역사를 재구성한다. 왜 서양 형이상학은 삶에 적대적인 힘이 되었는가? 니체는 삶에 적대적인 태도가 확산하는 현상을 '허무주의'로 인식한다. 니체가 삶에 적대적이라고 진단한 당시의 시대정신은 바로 허무주의였다. "허무주의가 문 앞에 서 있다. 모든 손님 중에서 가장 무시무시한 이 손님은 어디에서 우리에게 온 것인가?" 니체는 허무주의의 원인으로 사회적 궁핍이나 문화적 부패를 지목하는 것은 잘못이라고 말한다. 그는 허무주의의 원인이 삶과 세계에 대한 형이상학적-기독교적 해석에 있다고 말한다.

서양의 역사는 허무주의의 역사다. 감각의 세계를 넘어선

정신의 세계를 설정한 형이상학, 그리고 신만이 진리라고 주장한 기독교는 허무주의를 초래했다. 오늘날 누구도 절대적 가치를 믿지 않는다. 가치 자체를 부정하지는 않아도, 모든 사람에게 보편적인 가치가 있음을 인정하진 않는다. 가치는 오직 나에게만 타당할 뿐이다. 이쯤 되면 서양 철학이 탄생하면서 배척되었던 소피스트들의 상대주의가 부활한 것 같다. 누가 진리를 주장하면 '가짜뉴스'라며 부정되거나 '대안적 진리'가 제시된다. "진리는 없다, 모든 것이 통용된다." 니체가 시대의 병으로 진단한 허무주의는 오늘날 일상화되었다. "허무주의. 목표가 결여되었으며, '왜?'라는 물음에 대한 대답이 결여되었다. 허무주의는 무엇을 의미하는가? 최고가치들이 탈가치화하는 것." 이제 인간은 어떻게 살아야 할까?

우리는 미래의 삶을 위해 기억해야 할 것과 망각해야 할 것을 구별해야 한다. 우리는 이성에 의해 억압된 생명의 힘을 기억하고, 삶에 적대적인 역사를 망각해야 한다. 니체는 이렇게 서양 형이상학을 해체한다. '어떻게 망치를 들고 철학하는가'라는 괴상한 부제를 단 《우상의 황혼Götzen-Dämmerung》에서 니체는 이 해체의 과정을 간단하게 정리한다.

(1) 참된 세계에 지혜로운 자, 경건한 자, 덕 있는 자는 이를 수 있다. 그는 그 세계 안에 살고 있으며, 그가 그 세계다.

(2) 지금은 참된 세계에 이를 수 없다. 그렇지만 지혜로운 자, 경건한 자, 덕 있는 자에게는 약속되어 있다.

(3) 참된 세계는 이를 수 없고 증명할 수 없으며 약속도 할 수 없다. 그렇지만 이미 위안으로서, 의무로서, 명령으로서 생각되고 있다.

(4) 참된 세계, 이를 수 없다? 어쨌든 이르지는 않았다. 이르지 않았기에 알려지지도 않았다.

(5) 참된 세계, 더 이상 쓸모없는 관념.

(6) 우리는 참된 세계를 없애버렸다. 어떤 세계가 남는가? 아마도 가상 세계? 참된 세계와 함께 우리는 가상 세계도 없애버린 것이다.

니체가 '오류의 역사'로 서술하고 있는 서양의 역사는 참된 세계가 결국 우화로 변하는 과정이다.

니체는 서양 형이상학의 역사를 우화로 폭로한다. 모든 위대한 철학자는 자신이 역사적 발전의 정점에 서 있다고 생각하는 경향이 있다. 니체는 허무주의 역사의 정점에 다

다랐다. 전통적 가치들은 파괴되고, 어떤 권위도 용납되지 않는다. 삶의 의미가 상실되었다. 사람들의 정신력이 지칠 대로 지쳐 삶의 무의미성을 부정하지도 승인하지도 못한다. 절대적 가치가 해체되어 개별적인 가치들이 서로 싸운다. 니체는 이런 상태를 '수동적 허무주의'라고 말한다. 그러나 역사의 정점에 서서 미래를 전망하는 예언자 니체는 진리란 없다는 사실을 새로운 시대의 전제조건으로 받아들인다. 어떤 가치도 본래부터 존재한 것이 아니라면 우리가 가치를 창조하면 되지 않는가? 이런 조건에서 자신의 가치와 목표를 설정할 수 있는 강한 정신력의 징후를 니체는 '능동적 허무주의'라고 한다. 파괴 없이는 창조도 없다. 몰락하지 않고서는 상승할 수 없다.

창조하는 자는 단단하다

여기서 니체는 생명의 내면적인 힘에 주목한다. 세계를 내면에서 들여다보면, 우리는 '권력에의 의지'라는 근원적인 힘을 발견하게 된다는 것이다. 온갖 저항에도 새로운 가치와 목표를 창조할 수 있는 힘, 그것이 권력에의 의지다. 권력에의 의지는 서양의 전통 형이상학이 이성이라는 힘으로

배제했던 모든 것을 포괄한다. 열정, 충동, 본능, 감정, 의지. 이러한 생명의 원천적 힘을 발견하려면, 우리는 스스로 기존의 가치들을 재평가하고 전도시켜야 한다. 가령 '동정'과 '이웃사랑'은 한때 우리의 삶에 도움이 됐지만, 이제는 삶에 새로운 활기를 불어넣지 못한다. 니체는 이런 가치를 두고 '성공하지 못한 퇴락한 사람들의 도덕' 즉 무리의 '노예 도덕'이라며 평가 절하한다. 강자에게 직접 복수할 수 없는 약자의 원한 감정이 자신의 가치를 도덕적 가치로 미화한 것에 불과하다는 것이다.

니체는 강자의 도덕을 복원하려 한다. 삶에 의미를 부여하는 강자의 창조적 힘만이 허무주의를 극복할 수 있다. 강한 것이 고귀한 것이다. 전통적 의미에서의 선한 인간은 창조하지 못한다. 니체의 차라투스트라는 새로운 도덕의 서판을 내걸면서 이렇게 말한다. "단단해질지어다!" 창조하는 자 모두는 단단하다. 니체는 허무주의 시대에 자신의 가치를 창조하고 자신의 고유한 삶을 살 수 있는 자를 '주권적 개인'이라 부른다. 그러기 위해서는 노예 도덕은 새로운 '주인 도덕'으로 대체되어야 한다. 이제까지 경시되었던 충동과 의지를 복원하여 새로운 가치를 창조할 수 있는 도덕을 바로 세워야 한다는 것이다.

이렇게 니체는 허무주의를 극복할 수 있는 새로운 인간을 꿈꾼다. 니체는 새로운 인간 유형을 '초인'이라 부른다. "나는 그대들에게 초인을 가르치려 한다. 인간은 극복되어야 할 그 무엇이다. 그대들은 인간을 극복하기 위해 무엇을 했는가?" 마르크스와 마찬가지로 당대의 진화론과 생물학주의에 영향을 받았던 니체는 원숭이에서 진화한 인간 존재의 의미를 되새긴다. "인간에게 원숭이란 무엇인가? 웃음거리 아니면 고통스러운 수치다. 초인에게 인간은 꼭 그와 같은 존재, 즉 웃음거리 아니면 고통스러운 수치다." 니체는 '사육'이라는 매우 도발적인 낱말을 사용하면서 새로운 가치를 창조할 수 있는 인간을 육성해야 한다고 주장한다.

니체가 생각한 것은 물론 생물학적 사육이 아니다. 그는 오히려 개인의 창조력과 자율성에 기반한 문화적 진화를 생각했다. 그가 '약속할 수 있는 동물'을 사육하는 것이 앞으로의 과제라고 말할 때, 이러한 과정의 산물은 기존의 속박에서 해방된 '자유정신'이었다. 우리는 지금 니체의 철학적 유산을 받아들고 어쩔 줄 모르고 있다. 니체의 사상에 매료된 사람들은 '너 자신이 되어라!'라는 그의 실존적 명령을 따른다. 그러나 과학과 기술의 힘으로 인간을 개조할 수 있다고 믿는 사람들은 니체를 새로운 포스트휴머니즘의 선구자로 생각한다. 니체의 말을 새로운 미래의 경고로 받아들일지 아니면 밝은 미래의 약속으로 해석할지 혼란스럽지만, 그의 사상은 여전히 인간다움의 의미를 생각하게 한다. 다음은 《이 사람을 보라》의 일부다.

한 세기 앞을 미리 내다보면서, 2,000년간의 반자연과 인간 모독에 대한 내 암살 행위가 성공했다고 하자. 인류를 더 높이 사육시키는 이 위대한 과제 중의 과제를 떠맡아, 퇴화한 기생충 같은 자들을 모두 무참히 파괴해버리는 새로운 삶의 당파가, 디오니소스적 상태를 다시 자라나게 해야만 하는 충만한 삶을 지상에서 다시 가능하게 만들 것이다.

우리는 다시 문명의 전환기에 서 있다. 어떤 방향을 취하는가가 우리의 삶을 결정한다. 21세기에 우리의 삶 속에 깊이 들어와 삶 자체를 바꿔놓는 과학과 기술의 도전은 질식할 정도로 무쌍하다. 인류 역사상 수많은 도전에도 끊임없이 계속된 철학의 근본 질문은 동일하다. 무엇이 우리 인간을 인간답게 만드는가? 우주 속 미물에 불과한 인간에게 존엄한 가치를 부여하는 것은 무엇인가? 인간성을 지키기 위해 우리는 어떻게 살아야 하는가? 이러한 질문에 어떤 대답을 내놓느냐에 따라 21세기의 철학은 새롭게 나타날 것이다.

인간의 미래와 포스트휴머니즘

모든 이야기는 종말에서 시작한다. 인간다움을 성찰하는 철학 이야기 역시 '죽음'이라는 인간의 한계를 극복하려는 시도에서 시작한다. 인간의 경험 세계를 초월하는 형이상학적 세계에 관한 이야기는 죽을 수밖에 없는 유한한 인간의 삶에 의미를 부여하고 싶은 욕구에서 나왔다. 7만 년 전 아프리카의 한구석에서 자기 앞가림하기에도 버거웠던, 별로 중요치 않은 동물 호모 사피엔스가 지구를 '정복'하기에 이른 것도 수많은 사람을 결합해내는 이야기를 창조할 수 있었기 때문이다. 서로 모르는 수많은 사람이 협력하는 것은 언어 덕택이다. 어떤 우연한 사건으로 야기된 인지 혁명을 통해 인류는 언어를 갖게 되면서, 효과적으로 소통할 수 있을

뿐만 아니라 실제로 존재하지 않는 것에 관해서도 말할 수 있게 됐다. 신화와 전설, 신과 종교는 이렇게 등장했다. 죽음을 극복하고 새로운 삶을 시작할 수 있는 인간의 능력은 상상과 허구에 기반한 이야기와 함께 발전했다.

새로운 종말의 이야기가 유령처럼 떠돌고 있다. 오늘날 인간은 스스로 자신의 실존을 위험에 빠뜨릴 정도로 막강한 권력을 갖게 됐다. 지난 몇만 년에 걸쳐 호모 사피엔스는 지구 전체의 주인이자 생태계의 파괴자가 되었다. 행성 충돌 같은 우연한 사건이 인류의 생존을 위협하는 것이 아니다. 기후변화, 생태계 파괴, 생명 다양성 축소 등은 모두 인간이 스스로 초래한 위험이다. 한때는 자연이 인간에게 최대의 위협이었는데, 이제는 인간이 자연에 최대의 위협이 되고 있다. 인간은 자연을 망가뜨림으로써 스스로 위험에 빠졌다. 그런데 이런 실존적 위험과 맞닥뜨리고 있음에도 인간은 여전히 이 모든 위험을 스스로 극복할 수 있다고 믿는다. 신 대신 제 손으로 만들어낸 과학과 기술을 훨씬 더 믿는 인간은, 이제 스스로 신이 되려 한다.

우리는 지금 문명의 전환기에 서 있다. '인간'이라는 종의 미래가 달려있기에 이 전환은 어느 때보다 훨씬 더 근본적이다. 도대체 미래의 인간이 어떤 모습이길래, 인간의 미래에 대한 평가가 갈라지는 것인가? 현재의 과학과 기술을 바탕으로 미래의 인간을 상상해보자. "당신은 막 170세 생일을 축하했습니다. 그리고 당신은 그 어느 때보다 강하다고 느낍니다. 날마다 기쁨입니다. 당신은 전적으로 새로운 예술 형식들을 발명했는데, 이 예술들은 여러분이 발전시킨 새로운 종류의 인지 능력과 감수성을 이용합니다." 옥스퍼드대학교 교수인 과학철학자 닉 보스트롬은 '나는 왜 커서 포스트휴먼이 되고 싶은가'라는 매우 인상적인 제목의 글에서 미래의 인간을 이렇게 상상한다. '건강하게 오래 살면서 지능도 높고 감성도 풍부한 미래의 인간은 오늘날 사람들 대부분이 꿈꾸는 오락과 예술을 즐긴다.'

오늘날 우리는 과학과 기술의 힘을 빌려 인간다움을 실현하려 한다. 200년 전에는 인간의 평균수명이 23세에 불과했다. 오늘날 평균수명은 80세를 넘는다. 오래 건강하게 사는 것이 인간다운 삶이라고 할 때 우리는 수명을 연장할 수 있는 과학과 기술을 마다할 이유가 없다. 새로운 생명과학과 유전공학으로 질병을 치유하고 노화를 막을 수 있다면 누구나 유전자 치료를 받을 것이다. 인간의 건강 수명을 늘리고, 노화를 획기적으로 제거하고, 지적 능력과 신체적 능력을 확장하고, 정서적 상태를 통제하여 도덕성을 개선하는 새로운 '인간 향상 기술'은 인간 능력을 강화하려 한다. 인간 능력에 대한 믿음을 휴머니즘으로 볼 경우 과학과 기술은 휴머니즘을 실행에 옮기는 수단이 된다. 그렇다면 이 같은 포스트모던 세계에도 여전히 철학이 필요할까?

'더 나은 인간'의 인간다움을 찾아서

과학과 기술을 통해 인간의 생물학적 한계를 넘어서려는 첨단 과학기술 운동은 종종 '트랜스휴머니즘transhumanism' 또는 '포스트휴머니즘posthumanism'으로 불린다. 트랜스휴머니즘의 '트랜스trans'는 '무엇을 넘어서'라는 뜻이고, 포스트휴머니즘의 '포스트post'는 '무엇 이후에'라는 뜻이다. 미래의 과학과 기술이 현재 우리가 얻을 수 있는 능력의 최대치를 훨씬 넘어서는 '포스트휴먼 능력'을 보장함으로써 이제까지의 인간과는 전혀 다른 새로운 유형의 인간이 출현할 수 있다는 것이다. 호모 사피엔스는 인류 진화 과정의 마지막이 아닐 수 있다. 인간은 지속적으로 발전하는 과학과 기술을 통해 새로운 단계로 진입할 수 있다. 그렇다면 인공지

능·로봇·사이보그가 일상화될 포스트모던 세계에서 살아갈 새로운 인간은 어떤 존재인가? 첨단 과학과 기술로 우리의 생활환경만 변화하는 것이 아니라 인간의 의식과 정체성에도 근본적인 변형이 일어나리라는 점을 이제는 진지하게 받아들여야 한다. 이러한 변형은 너무도 근본적이어서 우리는 '인간적'이라는 용어 자체에 의문을 품고 이를 새롭게 정의해야 할 것이다.

철학은 인간다움에 관한 휴머니즘의 이야기다. 고전적 휴머니즘은 인간이라 불리는 동물의 정체성을 단순히 동물적인 것을 초월하는 능력에서 찾았다. 인간은 동물과 신 사이에 있는 중간적인 존재로 여겨졌다. 우리 인간은 동물적 욕구를 충족하는 데 그치지 않고, 영원한 진리에 대한 형이상학적 욕구를 가진다. 따라서 인간은 이성이라는 힘을 통해 신적인 것에 참여할 때 비로소 인간다울 수 있다고 믿어졌다.

근대의 휴머니즘은 도달할 수 없는 신에 대한 믿음 대신 인간 자신의 능력으로 눈을 돌렸다. 이런 시각의 전환으로 과학과 기술이 탄생했으나, 인간에게서 신의 잔재가 완전히 소멸한 것은 아니었다. 인간은 여전히 이성과 자유의지를 믿는다. 신의 은총이 아닌 인간 자신의 힘으로 우리 삶과 세계를 훨씬 더 인간답게 만들 수 있다는 근대의 휴머니즘은 오늘날 그 정점에 다다른 것처럼 보인다.

포스트휴머니즘은 인간을 위협하고 구속했던 자연을 극복할 뿐만 아니라 인간에게 주어진 본성마저 바꾸려는 새로운 욕망의 이야기다. 포스트휴머니즘은 '생로병사'의 고통을 치를 수밖에 없는 인간의 몸에서 벗어나려는 욕망, 동물로서의 인간이 아닌 다른 존재가 되려는 욕망에 관한 이야기다. 우리는 더 똑똑해지고, 더 강하고, 더 좋은 기분을 느끼고, 더 오래 살 수 있는 '더 나은 인간better than human'이 되려 한다. 더 나은 인간을 만들 수 있다면야 유전자 조작을 마다할 이유가 있을까? 우리의 개별적인 능력을 개선하는 것에는 사실 아무런 문제가 없다. 그런데 그 능력을 통해 인간이 인간다울 수 있는 조건이 변형되고 위협받는다면, 문제가 달라진다.

문명 전환기에 위태로워진 것은 '인간 본성'이다. 고전적 휴머니즘과 근대의 휴머니즘은 모두 동물과 인간을 구별함으로써 인간만의 본성을 찾으려 했다. 하지만 새로운 포스트휴머니즘은 어디에서 인간만의 본성을 발견하는가? 인간을 인간답게 만드는 '인간 선' 또는 '인간 가치'를 전제하지 않을 경우, 포스트휴머니즘이 꿈꾸는 '더 나은 인간'이란 그저 현재의 인간보다 더 건강하게 더 오래 사는 사람에 불과하다. 인간이 기계와 융합하여 자신을 더 이상적인 모습으로 개조할 수 있다 하더라도, 새로운 사이보그를 인간이라 부를 수 있으려면 그 사이보그가 스스로 인간다움의 가치를 성찰할 수 있어야 한다.

포스트휴머니즘은 과학과 기술을 통해 근본적으로 변화된 조건에서 '인간다움'을 성찰해야 한다. 전통적 휴머니즘이 동물과 인간을 구별한 것처럼, 포스트휴머니즘은 인간과 비非인간의 차이, 즉 인간과 로봇의 차이가 무엇인지를 진지하게 생각해야 한다. 인간이 더 나은 삶을 실현할 '인간 향상 기술'을 보유하게 됐다는 것은 좋은 소식이지만, 인간다움의 가치에 대한 성찰과 합의가 없다는 것은 나쁜 소식이다. 설령 인간이 불로장생에 이른다 하더라도 단순한 욕망의 충족이 인간다움을 보장하진 않는다. 더 나은 삶, 인간다운 삶은 항상 욕망을 통제할 수 있는 가치를 전제로 한다. 우리를 인간답게 만드는 것은 무엇인가? 포스트휴머니즘의 미래는 이 물음에 대한 답에 달려 있다.

니체, 프리드리히. 김정현 역. *선악의 저편 · 도덕의 계보*, 책세상, 2002.

니체, 프리드리히. 이진우 역. *차라투스트라는 이렇게 말했다*, 휴머니스트, 2020.

데카르트, 르네. 이현복 역. *방법서설*, 문예출판사, 2019.

데카르트, 르네. 이현복 역. *제일철학에 관한 성찰*, 문예출판사, 2021.

로크, 존. 강정인 · 문지영 역. *통치론*, 까치, 2017.

로크, 존. 공진성 역. *관용에 관한 편지*, 책세상, 2021.

로크, 존. 추영현 역. *인간지성론*, 동서문화사, 2011.

마르크스, 카를. 김수행 역. *자본론 1 · 2 · 3*(개역판), 비봉출판사, 2015.

마르크스, 카를 · 엥겔스, 프리드리히. 이진우 역. *공산당선언*, 책세상, 2002.

아리스토텔레스. 강상진 · 김재홍 · 이창우 역. *니코마코스 윤리학*, 도서출판 길, 2011.

아리스토텔레스. 조대호 역. *형이상학*, 도서출판 길, 2017.

아리스토텔레스. 천병희 역. *정치학*, 도서출판 숲, 2009.

아리스토파네스. 천병희 역. "구름", *아리스토파네스 희극전집 1*, 도서출판 숲, 2010.

칸트, 이마누엘. 백종현 역. *순수이성비판*, 아카넷, 2006.

칸트, 이마누엘. 백종현 역. *실천이성비판*, 아카넷, 2009.

칸트, 이마누엘. 백종현 역. *판단력비판*, 아카넷, 2009.

칸트, 이마누엘. 이충진 · 김수배 역. *도덕형이상학*, 한길사, 2018.

칸트, 이마누엘. 이한구 역. *영구평화론*, 서광사, 2008.

칸트, 이마누엘. 이한구 역. *칸트의 역사철학*, 서광사, 2009.

커퍼드, 조지. 김남두 역. 소피스트 운동, 아카넷, 2003.

플라톤. 강철웅 역. *소크라테스의 변명*, 이제이북스, 2014.

플라톤. 강철웅 역. 향연, 이제이북스, 2011.

플라톤. 박종현 역주. 국가 · 정체, 서광사, 1997.

헤겔, 게오르크 빌헬름 프리드리히. 임석진 역. 법철학, 한길사, 2008.

헤겔, 게오르크 빌헬름 프리드리히. 임석진 역. *정신현상학 1*, 한길사, 2005.

헤겔, 게오르크 빌헬름 프리드리히. 임석진 역. *정신현상학 2*, 한길사, 2014.

Blastos, Gregory, *Socrates. Ironist and Moral Philosopher*, New York:
Cambridge University Press, 1991.

Blumenberg, Hans, *The Laughter of the Thracian Woman: A History of Theory*
(1987), New York · London · New Dehli · Sydney: Bloomsbury, 2015.

Böhme, Gernot, *Det Typ Sokrates*, Frankfurt am Main: Suhrkamp, 1992.

Broadie, Sarah, *Ethics with Aristotle*, New York: Oxford University Press,
1991.

Eagleton, Terry, *Why Marx Was Right*, New Haven & London: Yale
University Press, 2011.

Guthrie, William K., *A History of Greek Philosophy: Volume 1. The Earlier
Presocratic and the Phytagoreans*, revised edition, New York: Cambridge
University Press, 2010.

Guthrie, William K., *The Greek Philosophers. From Thales to Aristotle*, New York: Harper Torchbooks, 1975.

Höffe, Otfried, *Immanuel Kant*, München: C.H. Beck, 2007.

Kaufmann, Walter, *Nietzsche. Philosopher, Psychologist, Antichrist*, Princeton and Oxford: Princeton University Press, 2013.

Klosko, George, *The Development of Plato's Political Theory*, second edition, New York: Oxford University Press, 2007.

Kraut, Richard, *Aristotle: Political Philosophy*, New York: Oxford University Press, 2002.

Macpherson, C.B., *Possessive Individualism. Hobbes to Locke*, New York: Oxford University Press, 2011.

Nehamas, Alexander, *Nietzsche. Life as Literature*, Cambridge, Massachusetts: Harvard University Press, 1985.

Ritter, Joachim, *Hegel und die französische Revolution*, Frankfurt am Main: Suhrkamp, 2015.

Snell, Bruno, *The Discovery of Mind. The Greek Origins of European Thought* (1953), Dakoma: Angelico Press, 2013.

Stroud, Barry, *The Significance of Philosophical Scepticism*, New York: Oxford University Press, 1984.

Taylor, Charles, *Hegel*, Cambridge: Cambridge University Press, 1975.

Tully, James, *A Discourse on Property. John Locke and His Adversaries*, Cambridge University Press, 1982.

Williams, Bernard, *Descartes. The Project of Pure Enquiry*, London and New York: Routledge, 2015.

《러셀 서양철학사》

버트런드 러셀, 서상복 옮김

각 시대의 전후 맥락에서 철학적 문제를 생동감 있게 해석한 책.

《정치철학사: 플라톤부터 존 롤스까지》

오트프리트 회페, 정대성·노경호 옮김

서양에서 중요한 정치철학자 20여 명의 사상을 그 시대의 상황 및 문제의식과의 연관관계에서 서술하며 시대를 초월하는 보편적 문제를 읽어내는 책.

《서양철학사》

군나르 시르베크·닐스 길리에, 윤형식 옮김

각 시대마다 철학 흐름에 대한 심도 있는 논의와 함께 인접 학문과의 연관성을 포괄적으로 서술하고 있는 책.

《역사철학강의》

게오르크 빌헬름 프리드리히 헤겔, 권기철 옮김

역사 자체를 이성의 발전 과정으로 서술하여 세계사가 바로 철학사임을 선명하게 보여준 고전적인 책.

《철학의 뒤안길》

빌헬름 바이셰델, 이기상·이말숙 옮김

34명의 위대한 사상가를 철학적 사전 지식 없이도 이해할 수 있도록 삶의 일화를 통해 쉽고 재미있게 서술한 책.

《의심의 철학: 이진우 교수의 공대생을 위한 철학 강의》

이진우

철학은 정답에 대한 의심에서 시작한다는 관점에서 근현대 철학을 관통하는 의심의 흐름을 추적한 책.

《호모 데우스: 미래의 역사》

유발 하라리, 김명주 옮김

우리 시대를 지배하는 혁명적인 신기술이 초래할 철학적 문제에 관해 생각하게 하는 책.

《세상을 알라: 고대와 중세 철학》

리하르트 다비트 프레히트, 박종대 옮김

《너 자신을 알라: 르네상스에서 독일 관념론까지》

리하르트 다비트 프레히트, 박종대 옮김

철학 사상과 그 시대의 연관관계를 재구성하여 철학사 자체가 철학적 사유로 인도하는 책.

《철학적 생각을 배우는 작은 수업》

칼 야스퍼스, 한충수 옮김

우주와 생명, 역사와 현재, 인간과 정치, 사랑과 죽음 같은 인간 실존의 근본 문제에 관해 스스로 생각할 수 있도록 안내하는 책.